Chants de la Mère

Chants devotionnels de Sri Mata Amritanandamayi

Volume 5

Mata Amritanandamayi Center, San Ramon
California, États Unis

Chants de la Mère, Volume 5

Publié par :
Mata Amritanandamayi Center
P.O. Box 613
San Ramon, CA 94583
États Unis

———————— *Bhajanamritam Volume 5 (French)* ————————

Première édition par le Centre MA : août 2016

En France :
Ferme du Plessis
28190 Pontgouin
www.ammafrance.org

En Inde :
www.amritapuri.org
inform@amritapuri.org

L'importance du chant dévotionnel

Mes enfants, en ce *kali yuga* (âge sombre du matérialisme), pour obtenir la concentration, les *bhajans* (chants dévotionnels) sont plus abordables que la méditation. Si nous chantons à voix haute, nous oublions les bruits environnants, sources de distraction, et nous parvenons ainsi à nous concentrer. Les bhajans, la concentration et la méditation, telle est l'ordre de la progression. Mes enfants, garder le souvenir constant de Dieu, c'est la méditation.

Si les bhajans sont chantés avec concentration, ils seront bénéfiques pour le chanteur, pour l'auditoire et pour la Nature. À force d'écouter de tels chants, un réveil intérieur se produira.

Les bhajans sont une discipline spirituelle dont le but est de concentrer notre esprit sur notre divinité d'élection. Grâce à cette concentration, on peut se fondre dans le Divin et faire l'expérience de la béatitude de son véritable Soi.

Il importe peu que l'on croie en Krishna ou au Christ, en Kali ou en Marie, ou encore en un Dieu sans forme; on peut aussi méditer sur une flamme, une montagne ou sur la paix dans le monde, tout en chantant.

Chacun peut savourer la paix venant du Divin qui est en lui en laissant son esprit se fondre dans le son des chants divins.

Sri Mata Amritanandamayi

Guide de la prononciation

NB : Ces indications sont générales et imparfaites. Elles concernent surtout le sanskrit et le malayalam. Il est donc essentiel d'écouter attentivement la cassette ou le CD pour chanter correctement. Les chants en tamoul et en hindi se prononcent un peu différemment. Par exemple en tamoul, le c de la transcription se prononce comme celui de Céline en français et non tch :

Voyelles

A	comme	a	dans	Amérique
AI	comme	aï	dans	aïe
AU	comme	ao	dans	cacao
E	comme	é	dans	école
I	comme	i	dans	Italie
O	comme	o	dans	or
U	comme	ou	dans	choux

Consonnes

KH	comme	kh	dans	Eckhart en allemand
G	comme	g	dans	garage
H	comme	h	dans	harvest en anglais
GH	comme	gh	dans	loghouse en anglais
PH	comme	ph	dans	shepherd en anglais
BH	comme	bh	dans	clubhouse en anglais
TH	comme	th	dans	lighthouse en anglais
DH	comme	dh	dans	redhead en anglais
C	comme	tch	dans	Tchernobyl
CH	comme	ch-h	dans	staunch-heart en anglais
J	comme	dj	dans	Djibouti
JH	comme	dge	dans	hedgehog en anglais
Ñ	comme	ny	dans	canyon
Ś	comme	sh	dans	shine en anglais mais plus sifflé
Ṣ	comme	ch	dans	cher

Ṅ	comme	**ng**	dans	**sing,** (nasal) en anglais
V	comme	**v**	dans	**vallée**
ZH	comme	**rh**	dans	**rhythm** en anglais
Ṛ	comme	**r**	dans	**r'bouteux** (semi-voyelle)

Les voyelles surmontées d'un trait sont longues, elles se prononcent comme celles indiquées plus haut mais durent deux fois plus longtemps.

Les consonnes qui ont un point en-dessous (ṭ, ṭh, ḍ, ḍh, ṇ, l, ṣ) sont des consonnes palatales, qui se prononcent avec le bout de la langue contre le palais.

Ces mêmes lettres sans le point sont des consonnes dentales, qui se prononcent avec la langue à la base des dents.

Les doubles consonnes sont fréquentes, elles se prononcent et on doit les entendre.

Le ṭ sonne souvent un peu comme un ḍ ce qui n'est pas du tout le cas de ṭṭ qui sonne très dur. Si la personne qui chante est une femme il est parfois nécessaire de changer le genre des mots, par exemple *putran* (fils) devient *putri* (fille), *dasan* (serviteur) devient *dasi* (servante) et *makan* (fils) devient *makal* (fille). Il n'est pas possible de mentionner toutes ces variantes dans ce livre et le public francophone ne s'en apercevra pas. Si vous voulez chanter devant un public indien, vérifiez d'abord que le texte est correct.

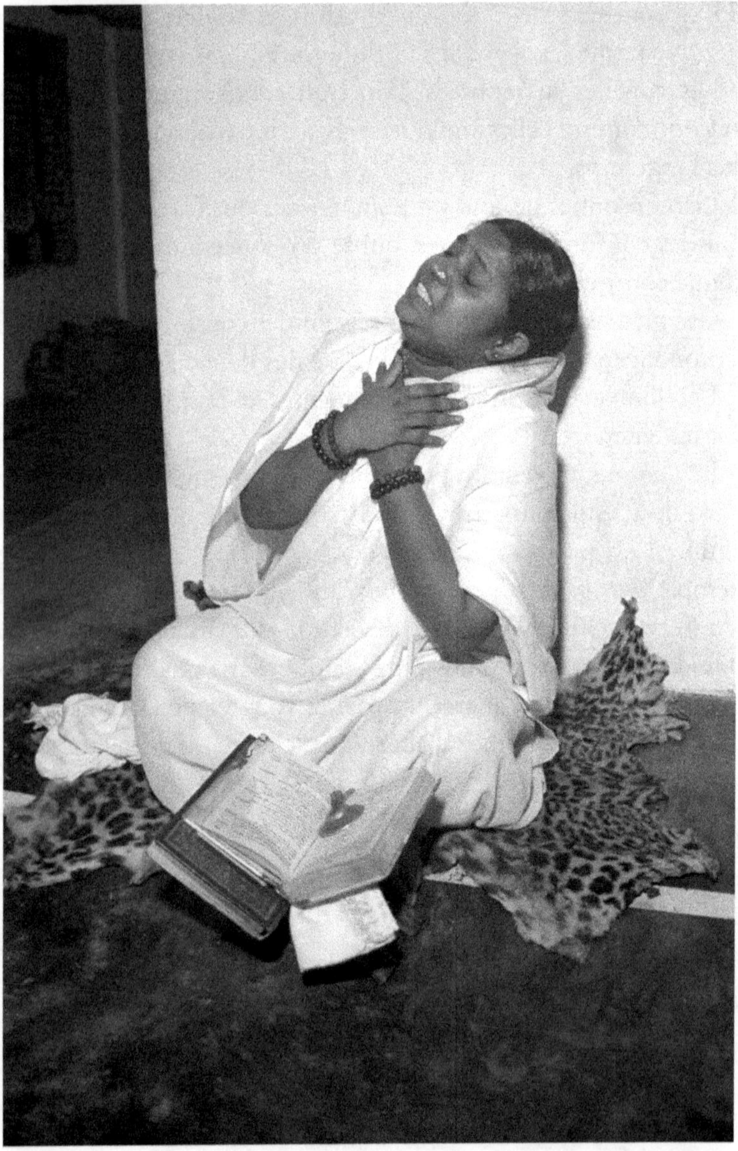

ACHO MUÑCHĀ NANDALĀLĀ

Acho muñchā nandalālā (2x)
rādhā thī kōṭṭē tōkhē

Viens, O Nandalal. C'est Ta Radha qui t'appelle.

Tuñchē sivā mā jīnathī sagāṅg
sudh budh man jī buljī vanēthī
chānā hē rādhā śyām jī pyārī
hāṇē tū ach jēn murārī

Sans Toi, O Seigneur, je ne peux survivre,
je tombe souvent inconsciente.
Ne suis-je pas très chère à Ton cœur, O Krishna ?
Reviens, je T'en prie, Murari.

Tuñchī yād mē pigal jī vannāthī
śyām jī rādhā rōyē rōyē thī
dēr na kajēn ta giridhāri
dar kajēn dhukh asānjā

Je ne pense qu'à Toi, mon esprit ne fonctionne plus.
Je pleure sans cesse en T'appelant. O Seigneur, je T'en prie,
ne tarde plus, daigne mettre fin à mes souffrances.

ĀJĀ ĀJĀ RĒ

Ājā ājā rē kanāyī tērī yād āyī
ēsī anōkhī ghaṭā chāyī (2x)
ēsī mē kānhā tērī yād āyī

Je T'en prie, viens, O Kanna ! Seul Ton souvenir habite mon cœur.
Le ciel, rempli de merveilleux nuages sombres,
n'évoque pour moi que Ta mémoire.

Sāvan tō āyō he man bhāvan na āyō he
ānanda dhām śyām man ānanda nā pāyō he
rādhē rādhē rādhē rādhē vraj jan sārē gāyō rē
vraj jan sārē gāyō rē

Voici venue la saison des pluies et pourtant le petit Kanna enchanteur, la Demeure de la béatitude, n'est pas encore arrivé près de moi. Mon cœur a perdu toute joie. Tous les habitants du Vraj chantent : « Radhe, Radhe, Radhe ! »

ALARNDA CHUṬARVIZHI

Alarnda chuṭarvizhi nōkkatināl
akhilattai āḷum tāyē nī
ammā entan āruyir ammā
lalitāmbā lalitāmbā

Par la puissance de Ton regard qui étincelle de lumière,
Tu gouvernes le monde. Mère, ma Mère chérie, Lalitamba.

Mahādēvanām śivanin mārbinai
malarttiruvaṭiyāl varuṭi nirkiṛāy
attiruppādam ennil patiyavē
tavikkiṛatamma en idayam
lalitāmbā lalitāmbā

Debout sur Tes petits pieds, Tu es dressée
sur la poitrine du Dieu suprême, Shiva.
Mon cœur brûle et languit du doux contact
de ces pieds bénis, O Lalitamba.

Mummūrttikaḷaiyum surāsurarkaḷaiyum
aṇṭa charācharam anaittaiyum untan
ni tirumalaraṭi chalankayāy aṇindu
āṭukiṛāy nī lalitāmbā lalitāmbā

Les dieux puissants, les sages vénérables et toute la création, animée ou inanimée, Tu attaches tout cela à Tes bracelets de cheville quand Tu danses en extase, Lalitamba.

Nilaiyillāta māyā ulakil
nin padamalarē entan tañcham
nin tirumalaraṭi śaraṇam śaraṇam
lalitāmbā lalitāmbā

Tes pieds sacrés sont le seul support de cet univers instable, en changement constant. Je cherche refuge à ces pieds bénis, Lalitamba.

ĀLŌ MĪ MĀTĒ

Ālō mī mātē tujhyā charaṇī
jag jananī maṅgala kāriṇī
bhakti karū tujhī prēmānē
kṛpā aṣī hō mātā bhavānī

O Mère divine, Créatrice de l'univers,
nous nous abandonnons à Tes pieds sacrés.
Cause de tout ce qui est propice,
accorde-nous la grâce de chanter Tes louanges
avec amour et dévotion.

Sakhā sambandhi tujhi āyī
tava prēmāchi tulnā nāhī
dukh manāchē dūr hōyī
darśan pāvūr tujhī śivānī

Tu es la seule dont je puisse dire : « Tu es mienne ».
O Mère, l'amour que Tu nous donnes est sans pareil.
Tous les chagrins que nous portons dans notre cœur
s'évanouissent au moment où nous recevons Ton darshan divin.

Karmāt tujhī pūjā karū dē
nām tujhē sada ōṭhī rāhū dē
sarvāt tulā bagūn āyī
sēvā jagāchī sadā gaḍū dē

Puisse chacun de mes actes t'être offert en adoration.
Puisse Ton nom ne jamais quitter mes lèvres.
Puissé-je servir tous les êtres, ne voyant que Toi en chacun.

AMAIDIYIN VAṬIVĒ

Amaidiyin vaṭivē anbin uruvē
amṛtānandamayī
alaigalē illā āzhkaṭal pōl
ānatun tāymaṭi

O Incarnation de la paix et de l'amour, Mère de la Béatitude immortelle, sur Tes genoux, nous reposons comme dans les profondeurs de l'océan, qu'aucune vague ne vient agiter.

Chintaikal ellām kavarndizhuttu
śiva padattil nilaiyākkuvāy
āṇavam akattil talai tūkkum pōtu- nal
arivinai koṭuttu sīrākkuvāy
nilaiyillā ulakil nizhal pōl toṭarum
karmankaḷ tīrttu karai ēttruvāy

Attirant toutes mes pensées vers Toi, je T'en prie, fais en sorte que mon mental s'établisse dans l'état de Conscience suprême. Quand l'ego en moi relève son visage hideux, daigne me corriger en m'accordant le discernement nécessaire. Les conséquences de mes actions me suivent comme une ombre en ce monde en perpétuel changement.
Daigne y mettre un terme et me conduire jusqu'à la rive de cet océan (du *samsara*), où je serai en sécurité.

Inba tunbankaḷkkappāl ninṭru
iraivazhi atanai kāṭṭukiṛāy
anbum ādaravum illā uyirkku
aṛavaṇaittārutal tarukinṭrāy
dēvī nin tiruvaṭi sērnduviṭṭēn tiru
arulāl enaiyum ādarippāy

Tu nous montres le chemin vers l'état suprême qui transcende la joie et la douleur. Tu répands Tes caresses et Ton réconfort sur ceux qui n'ont pas d'amour. O Déesse, j'ai pris refuge à Tes pieds sacrés. Daigne répandre sur moi Ta grâce ; sois satisfaite de moi, montre-Toi bienveillante.

Anbin tiruvuruvē ammā amṛtānandamayī
anbarkkaṭaikalamē ammā amṛtānandamayī
amṛtānandamayī ammā amṛtānandamayī

O Mère de la Béatitude immortelle, Incarnation de l'amour, Tu es le refuge de ceux qui Te vénèrent.

AMBĒ JAGADAMBĒ

Ambē jagadambē ambē jagadambē
ambē jagadambē
ambē jagadambē ambē jagadambē
ambē jagadambē
jagadambē jagadambē jagadambē
jagadambē jagadambē jagadambē

O Mère, Mère de l'univers, Mère.

Jaya jagadīśvarī ōmkārēśvarī
jaya hṛdayēśvarī mātē
jagadōdhāriṇi jaya bhavatāriṇi
janamana hāriṇi vandē

mērī vin ti sunlō mātē darśana dē dō mātē
mōhini tāpavimōchini tribhuvana
kāriṇi pālini mālini hē jagadambē

Gloire à la Déesse de l'univers, Gloire à la Déesse du son divin Om. Gloire à la Déesse du cœur. Salutations à la Mère qui élève la conscience de l'univers et nous fait traverser l'océan de la naissance et de la mort ! Ecoute ma prière et accorde-moi la vision de Ta forme, O Mère. Tu balayes tous nos chagrins. O Créatrice et Protectrice des trois mondes,
O Mère de l'univers !

kanmaṣa vāriṇi chinmaya rūpiṇi
sanmatidāyini mātē
sakala surāsura vandita janani
himagiri nandini vandē
mērī vin ti sunlō mātē darśana dē dō mātē
mōhini tāpavimōchini tribhuvana
kārini pālini mālini hē jagadambē

O Mère, Tu chasses toutes nos impuretés. Ta nature est la Conscience suprême ; donne-nous de bonnes qualités ! Nous Te saluons, O Fille de l'Himalaya.
O Mère, les dieux et les démons Te vénèrent ! Ecoute ma prière et accorde-moi la vision de Ta forme, O Mère. Tu balayes tous nos chagrins. O Créatrice et Protectrice des trois mondes, O Mère de l'univers !

AMBĒ MĀTĀ TŪ HĪ

Ambē mātā tū hī mērē jīvan kā dhruv tārā
tērē charaṇōm mē hī mā
mā pāvū sachā jīvan
tū mērā sab kuch he mā

mē tērī śaraṇa mē hū mā
tū mērī jīvan nayā jaldī pār karō dē mā

O Mère, Tu es l'étoile qui guide ma vie. A Tes pieds divins, je trouve la vraie vie.
Tu es tout pour moi. Je prends refuge en Toi. Daigne faire traverser rapidement l'océan de la naissance et de la mort à la barque de ma vie.

Tērā nām pukār pukār kē rōnēvālā hū mā
tū mērī dahan pukār sunē mā mērī pyārī mā
tū mujhē dē dē dilāsā
mā tērē milan kā pyāsā
tū mujhē jaldī darśan dēkē dūr karē mērī pīḍā

Mère, je pleurerai en T'appelant aussi longtemps qu'il le faudra. Ma mère chérie, daigne écouter mon appel brûlant, accorde-moi espoir et consolation. J'ai soif de l'union avec Toi. Mets fin à ma souffrance en m'accordant Ta vision.

Pāp kaṭēmgē tāp miṭēmgē tū jab darśan dēgī
pāvūmgā mē jīvan kā phal is dam dēvī maiyā
tū karuṇā kar maiyā
mē hū nichāvar tujh pē
mērā jīvan tērī pūjā ban jāyē jagadambē

Quand Tu m'apparaîtras, mes péchés seront effacés et mes chagrins balayés.
A cet instant, le but de ma vie sera atteint. O Mère, je m'abandonne à Toi,
sois miséricordieuse ! Puisse ma vie devenir une adoration de la Mère de l'univers.

AMMĀ AMMĀ AMMĀ

Ammā ammā ammā
amṛtēśvari jagadīśvari amṛtānandamayī

O Mère Amritanandamayi, Déesse de l'immortalité, Déesse de l'univers.

Karuṇāmayī tū kṛpāmayī
dūr karō sab saṅkaṭ dēvī
karuṇāmayi kṛpāmayi amṛtānandamayī

Tu es compatissante et miséricordieuse, O Dévi,
daigne mettre un terme à ma souffrance.

Jagadambikē laḷitambikē – tērā
rūp sadā rahē mēre man mē
jagadambikē laḷitambikē amṛtānandamayī

Mère de l'univers, Lalitambika, que Ton image soit à jamais gravée dans mon cœur.

AMMĀ BĀRAMMĀ

Ammā bārammā namma tāyi bārammā
guruguha jananī paraśivaramaṇi akhilāṇḍēśvariyē
akhilāṇḍēśvariyē ammā akhilāṇḍēśvariyē

O Mère, ma chère Mère, daigne venir à nous ! Impératrice de l'univers,
Tu es la Mère de Muruga (Fils de Shiva) et l'Epouse de Shiva.

Parama pāvanē triśūla dhāriṇi chāmuṇḍēśvari nī
annava nīḍi poreyuva ammā annapūrṇṇēśvari
tri lōka jananī tri lōka pālini lōka rakṣaki nī
lōka rakṣaki nī ammā lōka rakṣaki nī

Incarnation de la pureté, Tu brandis un trident;
Tu es la Déesse Chamundi ; O Déesse Annapurneshvari, par Ta grâce, nous obtenons de la nourriture.
Tu protèges les trois mondes, O Mère, c'est Toi qui préserves cette Terre.

Śringēriyalli nagu naguttiruva śārada dēviyu nī
japa vannariyē tapa vannariyē ēnannu ariyē
ammā endu kūgidāga ōḍōḍi bārammā
ōḍōḍi bārammā ammā ōḍōḍi bārammā

Tu es Sharada Dévi, la Déesse de Sringeri dont le sourire exprime la béatitude. J'ignore tout de la répétition de noms sacrés, j'ignore tout des austérités. Malgré cela, quand je T'appelle, « O Mère », daigne accourir aussitôt vers moi.

AMMĀ EN AZHAIKAYIL

Ammā en azhaikayil arukil varu tāyānāy
anpin mozhiyāl ennai tētri
tōlil sērkum parivānāy

Quand j'appelle Ton nom divin, O Mère, Tu viens comme une Mère compatissante prendre cet enfant dans Tes bras avec affection pour le consoler, en lui disant des mots pleins d'amour.

Piḷḷaikku tāyānāy piriyāta tuṇaiyānāy
anaivarkkum gatiyānāy aṭiyārkku nidhiyānāy
sīṭarkku guruvānāy sintaikku karuvānāy
kāṇkintra uruvānāy kāṇāta aruvānāy

Tu deviens la Mère de cet enfant, Tu ne m'abandonnes pas.
Tu restes toujours avec moi. Toi seule est le refuge de tous les êtres ; pour les dévots, Tu es la vraie richesse et la prospérité. Pour les disciples, Tu es le guru. Tu es le sens de toutes nos pensées. Tu es la forme que nous voyons et la pure Conscience invisible

Kaṇṇakku imaiyānāy karuttakku viruntānāy
kalaiyānāy kaviyānāy kada vulume nī ānāy
tozhuvōrkku arulānāy maṛai tēṭum porulānāy
paṇintōrkku aṛivānāy paragatiyum nīyānāy

Tu es la paupière qui protège l'œil et la trame de toute discussion. Tu incarnes l'art. Tu es le poète et la Déesse. Tu répands Ta grâce sur ceux qui s'inclinent devant Toi. Tu es l'Essence et le Sens que proclament les Védas. Tu brilles chez les humbles sous la forme de la Connaissance éternelle. C'est Toi que tous devraient s'efforcer d'atteindre.

Nānilamē nīyānāy nalla tamizh suvaiyānāy
telivāna manamānāy teviṭṭāta amutānāy
ulatānāy ilatānāy uṇmaipporul tānānāy
uyirukku uyirānāy ulakirkku varamānāy

Déesse de la Terre, Tu es la saveur de la douce langue tamoule. Tu es le mental pur, l'ambroisie dont jamais nous ne sommes rassasiés.
Tu es l'Etre et le Non-être, l'Essence de toute vérité. Tu es l'Essence de la vie et Tu es une bénédiction pour le monde entier.

AMMĀ NĪ NĪḌU

Ammā nī nīḍu bā śakti manasige
jyōti nī nāgu bā bāla irulige

Mère, daigne insuffler de la force à mon mental,
sois la Lumière dans les ténèbres de ma vie.

Ālisu ammana karayā nīnu
kandā ninnā muddāḍuve
nontā manake tampānerave
kandā ninnā muddāḍuve

Mon enfant écoute les paroles de Mère :
« J'apaiserai ton cœur chagrin en y versant
l'eau rafraîchissante de mes caresses. »

Hagalā irulā kṣaṇa vellavū
haruṣa manadi mūḍalī
endendu ninna bālu belagi
kandā nīnu sukha vāgiru

« Puisse ton cœur exulter jour et nuit,
puisse Ta vie être remplie de lumière.
Sois heureux, mon enfant. »

Śānti jīvava tumbalī
prīti elleḍe haraḍalī
endendu amma jotegē iralu
kandā nīnu hāyāgiru

« Puisse la paix éternelle régner dans ton âme, puisse l'amour être partout présent. Mon enfant, sois heureux, Mère est toujours avec Toi. »

AMMA TAN MAṬIYIL

Amma tan maṭiyil kiṭattēṇam ennē nī
Tārāṭṭu pāṭi urakkiṭēṇam
Jñāna mām ammiñña pāl nukarnnīṭaṭṭē
Ānandābdhiyil āzhnniṭaṭṭē (2x)

Amma, prends-moi sur Tes genoux ;
endors-moi en me chantant une berceuse.
Nourris-moi du lait de la Connaissance
afin que je me perde dans cette béatitude.

Amma tan kuññilam paitalallē ñān
Amma tan chārattu vanniṭēṇṭē
Kuññinu amuyāṇelyā mennōrkkanī
Amma tan mārōṭ chērttiṭaṇē (2x)

Ne suis-je pas Ton petit enfant chéri, Amma ?
Ma place n'est-elle pas près de Toi ? Rappelle-Toi que Tu es tout pour cet enfant. Serre-moi contre Ton cœur.

Taḷarunnu manamiṭaṛunnu
smṛti maṛayunnu ammē
Vaḷarānāy vembumī kuññu paital
Aṇayānāy chārattu kāṇṇu nilppu
Ninnilēkkenne nī chērttiṭaṇē

Je faiblis, mon esprit chancelle et j'oublie tout.
Cet enfant innocent désire ardemment grandir. Unis-moi à Toi !

AMMAYEKK ĀṆĀNĀYINNU ÑĀN

Ammayekkāṇānāyinnu ñān vannapōl
akatārilpeytu ponnamṛta dhāra
ayiram ēzhakalāmaṭittaṭṭilāy
śaraṇāgatikkāy piṭañña nēram
dūre ninnu ñānoru nōkku kaṇṭā –
mandasmitattinte pālāzhiye
snēhappāl maṇam churattumāpālāzhiye

Quand je suis venu Te voir aujourd'hui, Amma, une pluie de nectar doré s'est répandue dans mon cœur.
Des milliers d'enfants plongés dans la souffrance venaient chercher refuge dans Ton giron.
J'ai vu Ton tendre sourire, aussi doux qu'un océan de lait.
Ce sourire nous rappelle le doux parfum de l'amour.

Peytozhiyāttoru prēmāriyō nī
tirayaṭaṅgāttoru snēhattin tīramō
arṛiyāte niṛayumā akṣayapātramāy
chiri tūki nilkkumakkārvarṇṇanō
paṛayumō ennenikkēkumā śāntitan
snēhattāl kōrttoru japamāla
nin tṛkkaikaḷāl tīrtta japamāla

Es-Tu une averse qui jamais ne cesse ? Es-Tu la rive de l'océan d'amour ?
Sur cette rive, les vagues s'arrêtent-elles jamais ? Es-Tu Krishna au teint sombre, tenant le récipient inépuisable qui exauce tous les désirs ? Dis-moi, m'accorderas-Tu le rosaire de la paix, enfilé sur le fil de l'amour ?
Ce rosaire est égrainé par Tes mains divines.

Tinmayilēkku ñānariyāte pāyumbōḷ
arutennuṇṇī ennāru mozhiññu
munnilorāyiram vazhikal nīḷumbōl
muḷḷillā vazhi kāṭṭi nayichatārō
ahmenna bōdhamennullilāy pukayumbōḷ
keṭuttiyā putudīpam koḷuttiyārō

Ma Mère est le Soi qui brille en tous les êtres, l'Incarnation de la paix.
Elle me retient lorsque dans mon ignorance, je me dirige en courant vers le mal.
Quand des milliers de voies se présentent à moi, c'est ma mère qui m'indique le chemin sans épines et me guide.
Elle a éteint les charbons ardents de mon ego et a mis à la place Sa lumière.

AMṚTAMAYI JAYA JANANĪ

Amṛtamayi jaya jananī tava tiru
kazhaliloraśrukaṇam ñān
palariloreliyavanivanil ninmizhi
patiyān kaniyaṇammē

O Mère de Béatitude, je suis une larme à Tes pieds sacrés.
Dans Ta compassion, daigne accorder un regard à cet humble mortel.

Karuṇālōlupa hṛdayam koṇḍoru
charitam nī menayunnu
acharitattiliṭam tēṭān pala
rakṣamarāy maruvunnu

Ton cœur déborde d'une compassion merveilleuse ;
c'est pourquoi Tu es devenue célèbre.
Dans l'histoire de l'humanité, bien des gens ont cherché
avec passion à s'assurer une telle renommée.

Surajanani tava padatār smaraṇayi
lozhiyum kaluṣatayellām
śataguṇavarddhitamākum pūrita
puṇyam pūmazha choriyum

O Mère des dieux, chérir le souvenir de Tes pieds nous lave de toute impureté ; ainsi nos vertus se développent, nous accédons à la perfection et les mérites pleuvent comme des fleurs.

Nirmala salila sarōvara hṛdayam
tannilorambili bimbam
teli mayilaṅgane ninnu vilaṅgaṇam
ammē nin mukha bimbam

Puisse mon cœur être pur comme l'eau cristalline d'un lac
où se reflète la Lune. Puisse-t-il ainsi refléter Ton visage lumineux.

AMṚTAM TAVA NIJARŪPAM

Amṛtam tava nijarūpam jananī
hṛdayam tava karuṇārdram
sukhadam tava śubhanāmam varadē
charitam śivamabhirāmam

O Mère, Ta forme est magnifique et enchanteresse,
Ton cœur déborde de compassion, Ton nom sacré apporte le bonheur,
Ton histoire est captivante et il est propice de l'entendre.

Vadanam prasāda sadanam śubhadē
hasitam madhurasabharitam
alakam bhramarasamānam – lalitē
nayanam nalina viśālam

O Toi qui accordes ce qui est propice, Ton visage est toujours joyeux,
Ton sourire est doux comme le miel. O Toi qui aimes jouer,
les boucles de Tes cheveux sont noires comme des abeilles,
Tes yeux ont la forme des pétales du lotus.

Vasanam pītadukūlam – vimalē
varadam tava padayugalam
gamanam marālamandam girijē
bhavanam natajana hṛdayam

O pure Déesse, vêtue de jaune, Tes pieds exaucent les désirs des dévots. O Fille de l'Himalaya (Parvati), Tes mouvements ont la grâce de ceux d'un cygne, Tu résides dans le cœur des dévots.

Jananam kalimala haraṇam jalajē
sadanam sudhāsamudram
naṭanam nayana manōjñam – mahitē
charaṇam bhava bhaya haraṇam

O Fille de l'océan (Lakshmi), Tu es venue sur terre pour mettre fin aux maux du *kaliyuga* ; Ta demeure est l'océan de nectar. Ta danse nous enchante et Tes pieds sacrés annihilent la peur liée au *samsara*.

AMṚTAPURĒŚVARI MĀTĒ

Amṛtapurēśvari mate
akhilāṇḍhēśvari tāyē
jana mana mōhini māyē jananī
tiruvaṭi śaraṇam śyāmē

O Mère, Déesse d'Amritapuri, Tu es l'Impératrice du monde.
Mère, Tu es *maya*, Tu captives tous les cœurs.
Je prends refuge à Tes pieds, Déesse au teint sombre.

Janimṛti śamanē śivadē
bhavabhaya haraṇē lalitē
śivamana nilayē śubhadē jananī
sumasama vadanē sukhadē

Source de tout ce qui est propice, Tu mets fin au cycle de la naissance et de la mort, Toi qui aimes jouer, Tu anéantis les maux de la transmigration.
O Mère, Tu règnes dans le cœur de Shiva, Ton visage a la beauté d'une fleur de printemps et Tu apportes le réconfort à tous les êtres.

Kuvalaya nayanē kamalē
kisalaya charaṇē girijē
kalimala śamanē mahitē jananī
kavijana rasikē lasitē

O Kamala, Tes yeux évoquent le lotus, Fille de la montagne, Tes pieds ont la douceur des feuilles tendres. O Mère, Tu chasses les maux du *kaliyuga*. C'est Toi qui inspires le cœur des poètes, divine est Ta danse.

Śubhaśata nilayē nikhilē
paśupati dayitē sadayē
śivamaya charitē varadē jananī
vidhiśiva vinutē vanajē

O Déesse omniprésente, Demeure de tout ce qui est propice,
Épouse de Shiva, Tu accordes des faveurs. Il est propice
d'entendre les récits de Tes jeux divins, O Vanaja,
Toi que vénèrent Brahma et Shiva.

ĀNANDAMĒ AMṚTĀNANDINI

Ānandamē amṛtānandini – pūrṇa
āmōdamām svargganga nī
paramānandamē amṛtānandini
sāndramāy ni en svāntamākū

O Mère établie dans la béatitude éternelle. Tu es
une demeure céleste de béatitude. O Béatitude suprême,
viens résider dans mon cœur !

Mōhabhāvanatan varṇṇa rājikalāl
pāril viṇitalayum
papa bhāramām bāṇaśayaye
pulkiṭunnu manujan
lōkālāsyamitilē pōriṭaṅgaḷatilāy
dēhabōdhamām bādhayālulari
mṛtyu pulkiṭunnu

Les rêves colorés du désir sont un miroir aux alouettes qui mène l'être humain à sa perte. Il s'accroche au lit de flèches que forment ses mauvaises actions. Tourmenté par son identification avec le corps, il finit par embrasser la mort.

Prēma vāṭikayil snēha
mālikayil nalvasantamākū
jīvavīṇayitil prāṇā vēṇu
vitil dēvarāgamākū
yōgavīthiyitilē dīpanālamāy nī
jñāna sāramāy ēkabhāvamāy
mānasattiluṇarū

O Mère, viens comme le Printemps dans le jardin de l'amour ! Éveille-Toi, tel un chant divin, sur la *vina* (luth indien) de ma vie, sur la flûte de mon souffle. Éveille-Toi comme une flamme éclairant la voie du yoga. Éveille-Toi dans mon esprit comme l'Essence de la sagesse, la philosophie qui pose le même regard serein sur tout.

ANBIN VAṬIVAM AMMĀ

Anbin vaṭivam ammā – tiru
varulin iruppiṭam ammā
vārīm vārīrē jagattīrē vārīrē

Mère est l'Incarnation de l'amour
et la demeure de la grâce.
Venez voir Mère, venez tous !

Ullattai kollaikoṇṭa umaiyavalē
pāṭippukazhttiṭam murai ariyēn
vāṭittuṭikkum inda kuzhaindakalkku
nīnkāta nalam tarum iniyavaḷē

O Déesse Uma, Tu ravis les cœurs !
J'ignore comment chanter Tes louanges.
Tu es une tendre Mère qui donne à Ses enfants
fatigués ce qui leur est bénéfique !

Vāzhkaiyin verumai akanṭratammā
āzhnda nal amaidi niraindatammā
chēvaṭi chīttattil padindatammā – atai
eṇṇiṭa kaṇkaḷ panittatammā

Mère, le vide de ma vie est comblé ! Je suis rempli d'une paix profonde. Savoir que Tes pieds sacrés sont gravés profondément en mon cœur me fait verser des larmes de joie.

Mūvulakālum ammā
mūvar pōtriṭum ammā
mutrum uṇarntavaḷl ammā
mutalum muṭivum ammā

O Mère des trois mondes, Toi que vénèrent Brahma,
Vishnu et Shiva, Tu connais le passé, le présent et le futur.
Tu es le début et la fin.

ANBUMIGU CHINTAIKALĀL

Anbumigu chintaikalāl mālaitoṭuttēn
sentil vaḷar kandanukku tūtu viṭuttēn
antamigu guhan neñchil iṭam piṭittēn – anta
āṛumukhan pērazhakai paṭam piṭittēn

Avec mes pensées d'amour, j'ai tressé une guirlande,
puis j'ai envoyé un mot à Kandhan (*le dieu Muruga*).
J'ai trouvé une place dans le cœur de Guhan
et je me suis délecté de la beauté d'Arumukhan

Vaṇṇamayil mītinilē vēlmurukan
val vinaikaḷ tīrttiṭavē varukindrān
tennakatte āḷukindra śilai azhakan
ennakattil kāṭchi tantān kalai azhakan

Monté sur son paon, Velmurugan vient nous libérer
des mauvaises actions. Le beau Dieu qui gouverne le Sud,
l'artiste, m'a accordé sa vision.

Taṅgaratham mella mella asaintu vara
vaḷḷi daivānaiyuṭan mālmarukan
kaṇkavarum kōlattilē goluvirukka
nān vaṇaṅkum tiruvaṭivam kāṇukiṟēn

Le char doré arrive en tanguant doucement. Il porte Malmurugan,
Valli et Daivanai (*ses épouses*). C'est une scène fascinante,
la vision sacrée de Celui que je vénère.

Orāṟu mukham kandēn uḷḷam makizhntēn
īrāṟu vizhi kandēn ennai maṟantēn
śīrālan uru kandēn śeyalizhantēn
chentāmarai pādattil śaraṇaṭaintēn

Quand j'ai vu les six visages de ma divinité d'élection,
mon cœur a débordé de joie. En voyant ses douze yeux,
j'ai tout oublié ! Quand sa forme parfaite est apparue clairement
dans mon esprit, je suis resté allongé, immobile,
et je me suis totalement voué à Ses pieds sacrés.

ANDELA RAVALI

Kalabhasundara gamanā kastūri śōbhitānanā
nalinadalāyata nayanā mṛdu manda hāsa vadanā
nīkai vēchi unnānu raghunandana rāvēlā

O Seigneur doté d'un corps magnifique. La marque de vermillon
embellit encore Ton visage. Tes yeux ont la forme des pétales de
lotus,
Tes lèvres dessinent un sourire tendre et doux. Je T'attends Raghunandana, pourquoi ne m'apparais-Tu pas ?

Andela ravali aḍugula savaḍi
raghakulatilakā nīvēnā
pakṣula kila kila prakṛti nṛttyamu
rāmā nīvu vachāvā
ambaramaṇḍē hṛdayānandamu
rāma smakṣamu valla kada
parama yōgulu chūṭa tapiñche
sundara rūpamu chūpavā

J'entends tinter des bracelets de cheville, j'entends un bruit de pas... est-ce Toi Raghukula Thilaka ? Les oiseaux gazouillent, la nature entière danse. Est-ce pour célébrer Ta venue ? Ma béatitude intérieure est telle que me voilà au septième ciel. Est-ce parce que Tu es là ?
Daigne me révéler Ta forme, que les yogis eux-mêmes languissent de voir.

Vinna pamu vinavaya bankāru rāmā
vēgamukha nā mundu rāvayā
pannīti gandhamu pūsēdanu kastūri
tilakamu diddēdanu
muttyālakuṇḍala leṭṭēdanu
mallēlamālanu vēsēdanu
bankāru muvalu kaṭṭēdanu
kāñchana mukuṭamu peṭṭēdanu
nīku karppūrahārati nichēdanu (2x)

Écoute ma prière et daigne m'apparaître bien vite. Si Tu viens, je mettrai sur Ton front de la pâte de santal et un *kasturi tilak*. Je Te parerai de boucles d'oreilles en perles, d'une guirlande de jasmin, de bracelets de cheville en or et d'une couronne dorée. Puis je T'adorerai en faisant l'arati avec du camphre.

Dōbūchu lāḍaku nā manasu
viruvaku īpēdarālipai dayalēdā
śrī rāma jaya rām jaya jaya
rāmā rāmā rāmā rā rā rāmā
nā māṭṭa vinavayya bankāru
rāmaya okasāri kanipiñchi muripiñchavā
śrī rām jaya rām jaya jaya
rāmā rāmā rāmā rā rā rāmā

Cesse de jouer ainsi à cache-cache avec moi et de me blesser.
As-Tu la moindre pitié pour la pauvre créature que je suis ?
Gloire à Rama ! Daigne m'apparaître, écoute ma requête
et accorde-moi au moi une fois Ta vision, accorde-moi cette joie.

Jagadēka vīrā sītābhirāmā
rāmā rāmā rā rā rāmā
āditya kulajāta lōkābhirāmā
rāmā rāmā rā rā rāmā
āñjanēya priya hṛdayābhirāmā
rāmā rāmā rā rā rāmā
kaivalya dāyaka ātmābhirāmā
rāmā rāmā rā rā rāmā

O Seigneur, Ta vaillance est inégalée, Tu brilles dans le cœur de Sita.
Né dans la dynastie solaire, Tu enchantes le monde.
Hanuman Te chérit, Toi qui captives nos cœurs. Tu accordes l'immortalité à ceux qui T'implorent, O Seigneur. En Toi, le Soi resplendit dans toute sa gloire. Daigne m'apparaître, O Rama.

ANKH NA PALKA

Ankh na palka rāma mādi
jagatanu bharaṇa karanāri
māri vālī ēk tu mādi
lalitāmbā lalitāmbā

Par la puissance de Ton regard qui étincelle de lumière,
Tu gouvernes le monde. Mère, ma Mère chérie, Lalitamba.

Paramēśvaranī chātiye dharī
nānu ēvu tāru charaṇum
tārā charaṇonā sparśana karavā
ātura ēvu mārū hṛdayū

Debout sur Tes petits pieds, Tu es dressée
sur la poitrine du Dieu suprême, Shiva.
Mon cœur brûle et languit du doux contact
de ces pieds bénis, O Lalitamba.

Dēvāṭi dēvō ṛṣi muni yōne
sṛṣṭinā nana charā chara saghalā
tāri pāyalanī sāre bandhī
nṛtya karantī tu lalitāmbā

Les dieux puissants, les sages vénérables et toute la création, animée ou inanimée, Tu attaches tout cela à Tes bracelets de cheville quand Tu danses en extase, Lalitamba.

Chañchala āsthira ā jagamāhi
tārā charaṇōnō ēk ādhār
tāri śaraṇē āvyā māṭi
lalitāmbā lalitāmbā

Tes pieds sacrés sont le seul support de cet univers instable, en changement constant. Je cherche refuge à ces pieds bénis, Lalitamba.

ANNAI ENṬRATUMĒ

Annai enṭratumē en neñchil
ārvam perukudammā en
chinnañchiṛum vizhikaḷ unnai
tēṭi tiriyudammā

Mon cœur bat la chamade dès que j'entends le mot « Amma ».
Mes yeux minuscules Te cherchent, O Amma.

Udaya mukham kāṇa en manam
unmattam koḷḷutammā jñāna
katir vizhikkaṭalil āṭa
kattatru tuḷḷutammā

Mon cœur brûle de voir Ton visage radieux.
A la vue de Tes yeux brillants, pleins de lumière,
je danserai de joie !

Māykai viḷayāṭṭil en neñcam
mūzhki kiṭakkayilē un
tūyakuṛal ezhuntē ennai
toṭṭizhuttiṭṭatammā

Quand mon mental se noie dans l'illusion
du monde, cette pièce de théâtre,
Ta voix pure me réveille et m'en éloigne.

Īntravalē veṛuttāl sēyukku
ētu gati puviyil jagam
īntra dayāpariyē ēzhaikku
iranki arulvāy ammā

Si la Mère qui m'a enfanté me rejette,
quel sera mon destin sur cette terre ? O Mère,
Tu as donné naissance à cet univers,
sois miséricordieuse et accorde-moi Ta grâce.

ANNAI KAYIL PILLAIYENA

Annai kayil pillaiyena amaidi koḷkirēn
anbu neñchil sāyndu sāyndu ennai marakkiren
kannil nīr peruka peruka kattu nirkiren
kalam thazhthamal karmam thīramma

Je suis comme un enfant qui repose dans les bras de sa mère,
tranquille. Dans les tendres bras de Mère,
j'ai tout oublié. J'attends, les larmes aux yeux,
que Tu veuilles bien sans plus tarder épuiser mon karma.

Kaṇkal tannai imaikaḷ kūṭa kākka maṛakalām
kaṇṭru kūṭa pasuvai muṭṭi mōti pārkkalām
anai pillai uravu kūṭa ādhāyam tēṭalām
amma un tuṇayāle akhilam vellalām

Il arrive que la paupière oublie de protéger l'œil, ou même
qu'un petit veau repousse sa mère. La notion de profit peut
même s'immiscer dans la relation entre une mère et son enfant.
Mais celui qui reçoit Ton aide divine peut obtenir le monde entier.

Kūṭṭi kazhittu anpu kāṭṭum manita vāzhkayil
kūṭa irunda kāval koḷḷum daivam nīyantrō
aṭṭi vaikum kayiṛu untan anpu karankaḷilē
aṛinta pinnum tuyaram ēnō enkaḷ manankaḷilē

Mère, Tu es l'Être suprême venu demeurer avec nous en ce monde
où même l'amour est parfois manipulateur.
Notre destinée repose entre Tes mains aimantes. Une fois que
nous le savons, comment notre cœur peut-il encore éprouver du
chagrin ?

ANUTĀPA SANGĪTA

Anutāpa sangīta svaravēdiyil
etra tālaṅgaḷum śōkarāgaṅgaḷum
īṇaṅgaḷum maunabhāvaṅgalum vividha
bhēdaṅgaḷuṇṭentu varṇṇōtsavam

Dans la musique du remord abondent les rythmes, les mélodies et les airs languissants, les silences et les variations.

Ārōhaṇattinte ātmāviluṇ-
tente dīnārdra mānasa rāgam
avarōhaṇattilō nirayunnaten
chittamaliyunna svararāga sudhayum

Les notes de la gamme ascendante sont la musique
de mon cœur chagrin, celles de la gamme descendante
remplissent mon cœur du nectar de leurs douces mélodies.

Etra tālam piṭichetra kālam kazhi-
chetra nāliṅgane nīḷum
viśrāntiyillātta sammiśratāḷatti-
lāṭikkuzhaññante jīvan

Combien de temps mon âme devra-t-elle attendre ainsi,
gardant la cadence et dansant à pas mal assurés
sur ce double rythme ?

Ālāpanattinnumārādhanattinnu-
mēkātma tālattinoppam virāgitābhāvattinoppam
tālam chavuṭṭi paṭhikkuvānammē nī-
yēkaṇē prēmārdrabhāvam

Nous allons chanter en choeur et T'adorer, Mère.
Nous allons danser sur un chant rythmé. Accorde-moi
le détachement envers le monde et la dévotion pour Toi.

ĀYĒ HĒ MĀ

dayā rūpē dayā dṛṣṭē
dayārdrē duḥkha mōchinī
sarvāpattārikē durgē
jagaddhātrī namōstutē

Incarnation de la Miséricorde, Ton regard nous inonde de mansuétude, la clémence donne à Ton étreinte une douceur infinie. Tu annihiles toute souffrance.
Tu nous sauves de ce qui est néfaste et pourtant, il est difficile de T'approcher. O Protectrice de l'univers, je Te salue.

Āyē hē mā tērē dvār
darśan dē mā darśan dē
tērē prēm sē mā jhōli bhar dē
bhar dē mā jhōli bhar dē

O Mère, je suis arrivé à Ton seuil, me donneras-Tu Ton darshan ? Vas-Tu remplir mon cœur de Ton Amour divin ?

Jab bhi rōkē bulāyā tujhē
bahalāyā jag kē khilōnō sē
na mānū mē mā ab kī bār
dēnā hōgā daras tujhē
dēnā hōgā daras tujhē

Quand j'ai pleuré en T'appelant, Tu m'as amusé avec les jouets et les plaisirs du monde. Cette fois, cet enfant ne s'arrêtera pas de pleurer jusqu'à ce que Tu viennes. J'ai besoin de ma Mère et d'Elle seule.

Āyē he mā tērē dvār khade mā

O Mère, je me tiens sur Ton seuil.

Arpit he mērē gīt mā
hē yē mēre dil kī pukār
na lōṭūngā tujhē dēkhē bin
khōl dē mā darśan dvār
khōl dē mā darśan dvār

J'offre ce chant à Tes pieds de lotus ; il exprime
le désir ardent de mon cœur. Je ne quitterai Ton seuil
qu'une fois que tu m'auras ouvert les portes,
m'accordant Ton darshan.

Śakti dē mā bhakti dē prēm dē viśvās dē

O Mère, accorde-moi la force, la dévotion, l'amour et la foi.

ĀYĒNGĒ MĒRĒ

Āyēngē mērē kānhā āj
miṭṭ jāyēgi nayanō kī pyās
murjhāyē is jīvan mē
āyēgī ab phir sē bahār

Mon Kanha (*Krishna*) va venir aujourd'hui.
Ma soif de Le voir sera étanchée, ma vie fanée
refleurira comme un printemps.

Āñchal sē vō lag jāyēgā
kah tē huvē mā....ō....mā
pūchūmgī us sē rō tē hastē
yād kese merī āyī āj
kanhā (3x)

Il s'accrochera à l'ourlet de ma robe en appelant « Ma, Ma ! »
Riant et pleurant de joie, je Lui demanderai :
« Comment se fait-il que Tu te souviennes aujourd'hui de moi ? »

Vādā usē karnā hōgā
chōṭ na jāyēgā mā kō kabhī
hōkē judā nandalālā sē
rah na sa kumgī ik pal bhī
kanhā (3x)

Je Lui ferai promettre de ne plus jamais abandonner sa mère. Séparée à nouveau de mon Nandalal, je ne pourrais pas vivre un seul instant.

ĀYIRAM DĪPAṄGAL

Āyiram dīpaṅgal ārati uzhiyum
avanītan avatāram mātṛetvamē
nilakkyātta alivindē alakaṭalē

A cette Incarnation de la Mère divine, nous offrons l'*arati* avec mille lampes. Mère, Océan infini de compassion, n'es-Tu pas le vrai satguru ?

Jīvita jvālā tāpattil urugīṭum
jīvanilēkku nī paninīru tūkavē
aliyunnu ammē nin snēhattil āyiram
aśarannar āyīṭum aruma makkaḷ

Tu répands les eaux fraîches de l'amour sur les âmes qui brûlent dans les flammes de la vie. Des milliers d'enfants, ayant abandonné tout autre refuge, se dissolvent dans cet Amour.

Māyā prapañchattil mōhāndakkārattil
mānasam uzharumbōl ulkkāmbu tēngumbōḷ
karaḷil kanivin himakaṇa māripōl
karayallē muttē ninakku ñān illē

Notre mental erre dans les ténèbres, dans l'illusion de ce monde éphémère. A l'appel de notre cœur, Tes douces paroles, pluie de compassion, viennent nous apaiser : « Ne pleure pas, mon enfant chéri, ne suis- je pas là pour m'occuper de Toi ? »

Tōrātta kanninde tīrātta dāhamāyi
tēngunna karaḷinnu kaivalya mūrttiyāyi
sarva charāchara jīvannum ammayāyi
satyamāyi vāzhunna mātā amṛtēśvari

O Immortelle Déesse, nos yeux ne cessent de pleurer,
tant ils ont soif de Te voir. Tu délivres les cœurs
de toute souffrance, O Mère universelle, Vérité éternelle.

Ā pāda patmattil archanā puṣpamāyi
arppaṇam chēykayāṇ aṭiyanṭe janmavum
puṇchiri tūkī nin māṛōṭu pulkavē
puṇyamāyi tīrkkanē ente janmam

La créature insignifiante que je suis offre cette vie
comme une fleur déposée à Tes pieds sacrés.
Elève-moi jusqu'à Toi, prends-moi dans Tes bras.
Daigne m'accorder Ta bénédiction dans cette vie.

BANDA KṚṢṆA

Banda kṛṣṇa chandadinda banda nōde
gōpa vṛndadindā nandisuta banda nōdē

Krishna est venu répandre partout la joie et le bonheur.
Il goûte la compagnie de ses dévots, les gopas.

Gōvamēva nīva dēva banda nōde
dēvatā vādyagaḷinda banda nōde

Krishna, qui soigne les vaches avec tendresse,
est venu avec ses instruments divins.

Pāpa pōpa gōpa rūpa banda nōde
tāpa lōpa lēpa lōpa banda nōde

Celui qui efface nos péchés est venu sous la forme d'un gopa.
Il nous libère de la colère et des autres défauts.

Bhūsura sukha sūsutā banda nōde
vāsudēva vithalatā bandha nōde

Krishna est venu, apportant les plaisirs terrestres et célestes.
Vasudeva Vittala Lui-même est venu.

BARAḌĀDA HṚDAYAKE

Baraḍāda hṛdayake śītala dhāreya
eredu jīvita phalavāgi māṭalu
bāramma tāyē lōkamātē
vandisuvē nā ammā ammā
ena baligē nī bārammā

O Mère, inonde mon cœur desséché d'une pluie rafraîchissante.
Puisse ma vie atteindre l'épanouissement. Ma Mère chérie,
je me prosterne devant Toi, daigne m'apparaître.

Baruvalu ammā bandē baruvalu
āseyallī mana nōḍutitē
illa nannammā illa nā endigu
ninnannu agali hōgalārē

Plein d'espoir, mon cœur répète comme un mantra :
« Amma viendra aujourd'hui » « Mon enfant chéri, jamais je ne te quitterai. »

BHAKTI KORLE AMMA

Bhakti korle amma
enklegu śakti korle amma

O Mère, accorde-nous la dévotion, O Mère, accorde-nous la force.

Īren tūvare śakti korle
edde kēnare bhakti korle
eddeda panare enklegu mātā
Bhakti korle ammā
enklegu śakti korle ammā

Donne-nous la capacité de te voir, Mère. Accorde-nous la dévotion nécessaire pour entendre et dire ce qui est bon.
Donne-nous de la force, Mère.

Īren neneperē bhakti korle
edde malpare śakti korle
īrena pādogu śaraṇ āvere
Bhakti korle ammā
enklegu śakti korle amma

Donne-nous la force de penser à Toi, Mère.
Accorde-nous la dévotion nécessaire pour prendre refuge à Tes pieds ! Donne-nous la dévotion et la force, Mère.

Īrē gatiyammā enklegu śakti korle ammā
īrē enklegu bhakti korle amma

Toi seule es notre refuge. Donne-nous la force et la dévotion, Mère.

Śakti korle
bhakti korle

Donne-nous la force et la dévotion.

BHAVĀNI BHĀGYAVIDHĀTRĪ

Bhavāni bhāgyavidhātrī
śivāni śōkanihantrī
mahēśi maṅgaladhātrī
namōstutē giriputrī

Déesse, Épouse de Bhava (Shiva), Tu détermines le destin de Tes adorateurs. Shivani, Tu détruis la souffrance. O grande Déesse, nous Te saluons, Mère propice, Fille de la montagne.

Ambē jagadambē jagadambē jai jai mā
ambē jagadambē jagadambē jai jai mā

Victoire à Mère, à la Mère de l'univers !

Śaśānka śēkhara jāyē
surēndra vandita pādē
trilōka pālana nipunē
trinētrabhūṣita vadanē

Epouse de Celui qui porte le croissant de Lune (Shiva), les êtres célestes Te vénèrent. Tu protèges habilement les trois mondes. Ton visage est paré de trois yeux.

Manōharē mṛduhāsē
parātparē karuṇārdrē
śiva priyē vimalāngē
kṛpānidhē kalayēham

Tu es belle, un tendre sourire orne Ton visage. Déesse suprême, Ton cœur fond de compassion. Déesse propice, Ton corps est sans défaut et Tu es un trésor inépuisable de compassion. Je médite sur Toi.

Umē mahēśvara dayitē
ramē surārchita charanē
śivē subhaprada charitē
bhajē bhavāmaya haraṇē

Déesse Uma, Epouse de Shiva, Tu accordes le bonheur. Les êtres immortels révèrent Tes pieds. Déesse propice, les récits qui content Tes exploits sanctifient leurs auditeurs. Tu annihiles les souffrances de ce monde. Je Te vénère.

Namōstutē lalitāmbē
jayōstutē jagadambē
samasta maṅgala rūpē
varapradāyini vandē

Je me prosterne devant Lalitambika, gloire à la Mère de l'univers.
Ta forme est la demeure de tout ce qui est favorable.
Toi qui accordes des faveurs, je Te salue.

BŌLŌ ŚYĀM RĀDHĒ

Bōlō śyām rādhē rādhē
rādhē rādhē śyām
bhav sāgara kō pār karāyē
śyām jī kā nām

Chante le nom de Radha et de Shyam.
En chantant le nom divin de Krishna,
nous traverserons l'océan de la transmigration.

Vṛndāvana mathurā nahī kēval unkā dhām
bhaktōm kē hṛdaya mē vō kartē he viśrām
būkhē he bas bhāv kē bhāv hō niṣkām
dil sē pukārō āyēngē tvō prabhu dayānidhān
prēm sē bhaj lē ab tū manvā rādhē rādhē śyām

Krishna ne réside pas seulement à Vrindavan et à Mathura.
Il demeure aussi dans le cœur de Ses dévots. Il recherche
les cœurs remplis de détachement, d'amour et de respect.
Cet être compatissant entendra l'appel de ton cœur.
O mon mental, chante le nom de Radha et de Shyam avec amour.

Sūr mīrā sabnē pāyī ānanda kā dhām
lēnā kabhī na bhūlē vō giridhāri kā nām
un charaṇōm kō pāyē binā na karnā tū ārām

dhanya bhanā dē apnā jīvan bhaj lē rādhē śyām
prēm sē bhaj lē ab tho manvā rādhē rādhē śyām

Les grands saints Surdas et Mira sont parvenus à l'état de béatitude en n'oubliant jamais de psalmodier le nom de Giridhari. Ne vous reposez pas avant d'avoir atteint le refuge de Ses pieds. Que votre vie soit bénie par la répétition du mantra Radhe Shyam. O mon mental, chante le nom de Radha et de Shyam avec amour.

CHANDRA BHĀGA TĪRĪ UBHĒ

Chandra bhāga tīrī ubhē viṭṭēvaṛi
kēśavā murāri jai pāṇduranga hari

Sur les berges de la rivière Chandrabhaga, debout sur une hauteur, Krishna attend, Murari, Panduranga Hari attend.

Taṭastha karamana dhyān pāṇduranga hari
jap sadā pāvana nām pāṇduranga hari
jñaniyāntsā jīvan āhē pāṇduranga hari
bhaktāntsā prēmaḷa āhē pāṇduranga hari

O mon mental, médite sur Panduranga, quoi que tu fasses, répète Son nom purificateur. Le Seigneur Panduranga aime et protège Ses dévots.

Pāṇduranga mani pāṇduranga dhyāni
manāt rē gajar pāṇduranga vāṇi
kaṣṭa hāraṇa karī pāṇduranga hari
bhava sindhu tāraṇa karī pāṇduranga hari

Panduranga habite mon cœur, il est présent dans toutes mes pensées. Je répète le nom de Panduranga, qui annihile les difficultés et nous aide à traverser l'océan de l'ignorance.

Jay jay vithala pāṇduranga
(jay hari vithala pāṇduranga)
Śrī hari vithala pāṇduranga
(narahari vithala pāṇduranga)
Jay śri ranga pāṇduranga
(ātmāranga pāṇduranga)
Makara kundala pāṇduranga
(kaṇthikaustubha pāṇduranga)
Śyāma sundara pāṇduranga
(sukhānche sāgar pāṇduranga)
Trilōka nātha pāṇduranga
(paṇdarī nāthā pāṇduranga)

Victoire à Panduranga, le Seigneur des humains, qui réside dans sa demeure céleste et est établi dans son propre Soi.
Panduranga a une belle peau sombre et de jolies boucles d'oreille,
Il est un Océan de béatitude, le Seigneur des trois mondes.

Nityānanda paramānanda
atmānanda pāṇduranga

Panduranga est la béatitude éternelle et suprême du Soi.

Pāṇduranga hari jay jay
pāṇduranga hari

Gloire à Panduranga.

CHĒN MILĒ

Chēn milē ārām milē
śānti ōr viśṛām milē
vō hē mā kī gōd vimal
jahā bhaktōm kō prēm milē

Dans le giron de Mère, on puise le calme et le réconfort,
la paix et le repos. Les dévots y trouvent l'Amour pur.

Snigdha snēha apār milē
karuṇā aparampār milē
vō hē mā kā hṛdaya kamal
jahā hari ōm kār milē

Dans le lotus du cœur de Mère, on trouve l'amour
et l'affection infinis ; on y trouve une compassion sans pareille.
C'est là que réside le Divin, le son primordial Om.

Duḥkh dard santāp miṭē
ādhi vyādhi abhiśāp miṭē
vō hē mā kā hṛday chaman
jahā kān ṭō kā uttāp miṭē

Dans le jardin du cœur de Mère, le chagrin, la douleur
et la souffrance, tous les maux du corps et de l'esprit
prennent fin ; nous sommes libérés des tourments
engendrés par les épines de la vie.

Lōbh mōha sē trāṇ milē
kām krōdh kō virām milē
vō hē mā kā hṛday gagan
jahā gangā kī dhār milē

Le cœur d'Amma, infini, nous sauve des griffes
du désir et de l'avidité, de la luxure et de la colère.
Comme si nous nous étions baignés dans le Gange sacré,
nous serons sanctifiés.

CHĒTULETTI

Chētuletti vēṭukonēdā chēyi vadalakammā
chenta nilichi dāri chūpi dariki chērchavammā

O Mère, les mains jointes en prière, je T'implore : ne lâche pas ma main.
Reste avec moi, montre-moi la voie et conduis-moi au But.

Paniki rāṇi pūvunu nēnu- ōyammā
vāsana lēdu varṇṇamu lēdu
yōgulaina endarō pillalu nīkaina
maruvukammā ennaṭu nannu

Mère, Tu as tant d'enfants brillants et doués.
N'oublie pas cet enfant, pareil à une fleur inutile,
dénuée de parfum et de couleur.

Nīvu tappa evaru lēru- māyammā
nīvē nannu nirādariñchitē
gati ēti ī pillaku nīvēnu śaraṇu nāku
maruvukammā ennaṭu nannu

O Amma, je n'ai personne d'autre que Toi.
Si Tu ne Te préoccupes pas de moi, que ferai-je ?
Tu es mon seul refuge. Je T'en prie, ne me quitte pas.

Japamu rāṇi pillanu ammā- vinavammā
tapamu teliyaka talladillēnu
telisi teliyaka chēsina
tappulu nā venchaku
manniñchu ennaṭu nannu

Ecoute, Amma, je me débats sans savoir comment
répéter correctement le mantra ou pratiquer des austérités.
Daigne pardonner à Ton enfant, qui a commis tant d'erreurs,
consciemment et inconsciemment.

CHIDĀNANDA GŌVINDA MUKUNDĀ

Chidānanda gōvinda mukundā
nandanandana vṛndāvana chandra
dayārūpa dēvēśa murārē
gōpa bālakā gōpīmana chōra

O Krishna, Incarnation de la Conscience et de la béatitude, Fils de Nanda, Tu es la lune qui brille à Vrindavan. Incarnation de la compassion, Seigneur des dieux, O Vishnu, Tu as dérobé le cœur des gopis.

Harēkṛṣṇa rādhā hṛdayēśā
kṛṣṇa kṛṣṇa kālindītaṭavāsā

O Krishna, Seigneur du cœur de Radha,
Tu résides sur les berges de la rivière Yamuna.

Prabhāpūrṇṇa pitaṁbaradhārī
vāsudēva māyā mānuṣa vēṣā
ramākānta rājīva dalākṣā
rāsa lōla līlādēha manōjñā

Tout Ton corps rayonne, O Krishna vêtu de jaune, Ta forme humaine est le produit de Ta *maya*. Bien-aimé de Lakshmi, Tes yeux ont la beauté des pétales de lotus. La forme que Tu as prise enchante tous les êtres.

Kālānātha kāvyādi vinōdā
śyāma varṇṇa vamśīnādavilīnā
sudhāvarṣa vēdānta vihārī
sundarāmga vandē gōpajanēśā

Maître de tous les arts, Tu savoures la poésie, Enfant au teint sombre, absorbé dans la mélodie de Ta flûte, Tu répands sur tous le nectar. Bel enfant, Ta demeure est la Conscience sans dualité, O Seigneur des gopis.

CHINNA KAṆṆĀ

Kaṇṇā kaṇṇā amma pāṭum
pāṭṭai kēṭṭa tuyilvāy kaṇṇā

Mon Kanna chéri, Mère va Te chanter une berceuse pour T'endormir !

Chinna kaṇṇā entan chella kaṇṇā
solu kaṇṇā entan chuṭṭi kaṇṇā
chinnanchira kaṇkalka tūkkam vantatō
koñcham tūnka kaṇṇā nanṭrāy tūnka kaṇṇā

O mon enfant chéri et innocent, le sommeil embrume
Tes petits yeux, dors, Kanna !

Nāl muzhatum vilayāṭṭu pōtum kaṇṇā
untan piñchu pādam nontiṭumē tūnku kaṇṇā
nāl muzhutum kuzhalūti tilayttāy kaṇṇā
untan chinnakaikaḷ sol kirata tunku kaṇṇā

Tout le jour, Tu as couru et joué, mais maintenant Tes petits pieds Te font peut-être mal. Je T'en prie, dors maintenant. Tout le jour, Tu as caressé ta flûte, et Tes petites mains indiquent qu'il est temps de dormir.

Nāl muzhutum enkal manam kavarntāy kaṇṇā
untan chinna kaṇkal sollu kirata tunku kaṇṇā
ulagattai sirittu sirittu mayakkum kaṇṇā
untan sevidazhgaḷ sollu kirata tunku kaṇṇā

Tout le jour Tu as captivé les cœurs; maintenant Tes petits yeux innocents tombent de sommeil. Tout le jour Tu nous as égayés de Ton rire, mais maintenant Tes petites lèvres
disent qu'il est temps de dormir.

Vānattil kārmēgam suzhntat kaṇṇā
anta mēgam kūḍa tālāṭṭu pāṭatu kaṇṇā
alai alaiyāy yamunainadi pāṭatu kaṇṇā
ata salasalavena tālāṭṭu pāṭatu kaṇṇā

Les nuages sombres se sont peu à peu rassemblés dans le ciel, Kanna ! Eux aussi Te chantent des berceuses. Les vagues de la Yamuna accompagnent le clapotis de la rivière, qui chante une douce berceuse.

Nandavana malar chūḍi ninṭrāy kaṇṇā
nī oli vīśi tikazhkinṭrāy tūnku kaṇṇā
tenṭralilē untan ūñchal āṭatu kaṇṇā
koñcham tūnku kaṇṇā nīyum tūnku kaṇṇā

Les fleurs du jardin T'ont grisé, Kanna !
La brise du soir est venue Te bercer.

Nanda gōpa nin bālan yaśōdāvin kaṇṇā
inta pārmuzhutum pāṭatu tālāṭṭu (2x)
ārārī rārō rārī rārī rārī rārō
lōkanāthā nī kaṇ uranku (2x)
ārārī rārō rārī rārī rārī rārō

Enfant chéri de Yashoda et de Nanda, le monde entier Te chante une berceuse. O Protecteur du monde, daigneras-Tu dormir ?

CHITTAMENUM

Chittamenum sirayinilē
vaṭṭamiṭum paṛavayai pōl
sikkinānkaḷ tavikkirōm- ammā kāttiṭuvāy

Comme un oiseau prisonnier qui décrit des cercles dans sa cage, nous sommes pris aux piège et nous souffrons dans la prison du mental. O Mère, sauve-nous, s'il Te plaît !

Śivajñāna kalayai nī
enkalku bōdhippāy
chitrinba siṛayilirundu
viṭutalai aḷittiṭuvāy

Daigne éveiller en nous la Connaissance suprême ;
délivre-nous de la prison des plaisirs sensuels.

Aḷavillā un anbē
ennālum uṇmaiyenṭrē
enkal manam nāṭi ninṭrē
unnaṭi sērndiṭumē

Ton amour infini est une expression de la Vérité suprême.
Si nous en sommes conscients, notre mental, dans sa quête, finira par se fondre dans Tes pieds.

Ēṇippaṭi pōle un anbum
ānatuvē ēṛinānkaḷ
aṭaivōmē nin tiruvaṭimalarē

Ton amour est une échelle qui mène à la Conscience suprême.
En grimpant à cette échelle, nous accèderons à Tes pieds de lotus.

CHŌḌ DĒ MANSĒ

Chōḍ dē mansē duḥkha kī chintā
nit yē sumir tū satya rē
dēh tū nahī man bhī tū nahī
tū he ātmā jān lē

Abandonne les pensées moroses et rappelle-toi toujours
que Tu es la Vérité. Tu n'es ni le corps ni le mental,

sache que tu es l'*atman* (Soi).

Hār gayā tū khōj mē sukh kē
is jag kē sab bhōg mē
paramānanda he tērē antar
kabhī vahām tō jhāmk rē

Tes tentatives pour trouver un bonheur durable
en jouissant des plaisirs de ce monde ont échoué.
Le bonheur éternel est en toi, c'est là qu'il faut le chercher.

Mē tum kē is bhēd mē manvā
nahī he śānti jān lē
ēk hī ātmā sab mē he tū
hī sab mē he vyāpt rē

Tant que tu entretiendras la notion du « moi » et du « toi »
en tant qu'entités séparées, tu ne connaîtras jamais la paix,
sache-le bien. La même Conscience demeure en tous les êtres,
l'Essence de ton être réside en tous.

Ātma sāmrājya kā tū he mālika
manvā tū kabhī dīn nahī
paramśakti kā srōt bhī tū he
manvā tū kam sōr nahī

Tu es le Maître du royaume du Soi, jamais tu n'es pauvre,
jamais tu n'es faible ; Tu es la Source de l'Energie suprême.

CHŌDI DĒ MANTHĪ

Chōdi dē manthī dukh nī chinta
nit tū sumiran satya rē
dēh nathī tū nathī man bī tū
tū che ātmā jāṇī lē

Abandonne les pensées moroses et rappelle-toi toujours que Tu es la Vérité.
Tu n'es ni le corps ni le mental, sache que tu es l'*atman* (Soi).

Hārī gayō tū sukh nī śōdh mā
ā jag nā bhōg mā badhā
paramānanda chē tārī andar
kyārē tyā tū jākh rē

Tes tentatives pour trouver un bonheur durable
en jouissant des plaisirs de ce monde ont échoué.
Le bonheur éternel est en toi, c'est là qu'il faut le chercher.

Mārā tārā nā bhēd mā man rē
nathī tyā śānti jāṇī lē
ēkaj ātmā vyāpt sakala mā
tū chē badhā mā badhā tujh mā

Tant que tu entretiendras la notion du « moi » et du « toi »
en tant qu'entités séparées, tu ne connaîtras jamais la paix,
sache-le bien. La même Conscience demeure en tous les êtres,
l'Essence de ton être réside en tous.

Ātma sāmrājyanō tū chē mālika
man tū nathī rē dīn kadī
paramaśaktinō srōt bī tū chē
man tū kadī kamjōr nathī

Tu es le Maître du royaume du Soi, jamais tu n'es pauvre,
jamais tu n'es faible ; Tu es la Source de l'Energie suprême.

CHŌṬO CHŌṬO GĀYĪ

Chōṭo chōṭo gāyī chōṭo chōṭo gaudō
chōṭṭottā bhittōre mo madona gōpāl

Un troupeau de vaches et un groupe de petits pâtres,
mon petit Gopal, qui enchante les cœurs, est avec eux.

Gāso khāyē gāyī dūttō piyē gaudō
lōhōṇī khāyē mōrō madona gōpāl

Les vaches mangent l'herbe, les pâtres boivent le lait
et mon petit Gopal mange le beurre.

Āgē āgē gāyī pochē pochē gaudā
motdīrē chālē mōrō madona gōpāl

Les vaches marchent devant, les petits pâtres derrière
et mon petit Gopal au milieu.

Chōṭṭō chōṭṭō hāttōrē chōṭṭō chōṭṭō bādhi
bōyinsi bajāyē mō madona gōpāl

Ils tiennent de petits bâtons dans leurs menottes
et mon Gopal qui enchante les cœurs, joue de la flûte.

Chōṭṭō chōṭṭō sakhā sakhi madhubaṇa mēlā
rāsa rachāye mōrā madona gōpāl

Voilà les petites bergères, ses amies, et le garçon de Vrindavan,
mon petit Gopal, enchante tous les cœurs avec Son jeu divin.

DAR DAR MĒ

Dar dar mē bhaṭaktā rahā
mansil kahā nahī thā patā
arth milā is jīvan kō
jab mā tērē śaraṇā āyā

J'errais, perdu, sans avoir la moindre idée de ma destination ;
mais depuis que j'ai pris refuge en Toi, Mère, ma vie a un sens.

Kōṭi pranāṁ kōṭi praṇām
śatakōṭi pranāṁ ammā

O Amma ! Je me prosterne des milliers de fois devant Toi !

Ās bharā thā is mana mē
kisī apnē kā intasār thā
tum hō mērē jō tūnē kahā
nahi mē anāth ehsās huvā

Mon cœur attendait avec impatience de rencontrer un être qu'il puisse considérer comme « sien ». Quand Tu m'as dit : « Tu es mon enfant », j'ai compris que je n'étais plus un orphelin.

Itnā kuch hē diyā tū nē
tujhē dēnē kō mā kuch bhī nahī
hē arppit ye mērā jīvan
śrī charaṇō mē mā amṛtēśvarī

Tu m'as comblé ! Mais je n'ai rien à Te donner en retour.
J'offre cette vie à Tes pieds sacrés, O immortelle Déesse.

DĪP KA NĀ

Dīp ka nā jānū bātī nā jānū
aṇḍiyārē van mē kōyī rāh nā jānū

Je n'ai ni lumière ni lampe ! Dans cette sombre forêt, je ne distingue pas le chemin devant moi.

Dēvī mā tū mērī mā tērē sivā nā kōyī mā
tērē sivā nā kōyī mā tērē sivā nā kōyī mā

O ma Mère divine, je n'ai personne d'autre que Toi !

Nāv na jānū kēvaṭa nā jānū
is bhav sāgara mē kōyī pār na jānū
jānū bas ik lakṣya mā
jānū bas ik lakṣya mā
dēvī mā tū mērī mā

Je n'ai ni bateau ni batelier ; j'ignore où est la rive de cet océan de la naissance et de la mort ; je sais seulement que Tu es mon but, O ma Mère divine !

Sansār nā jānū banḍu nā jānū
ik tērē sivā mai kuch ōr nā jānū
jānū bas ik satya mā
jānū bas ik ās mā
dēvī mā tū mērī mā

J'ignore tout de ce monde, je n'ai ni parents ni famille.
Je ne connais que Toi. Je ne connais qu'une vérité,
qu'une seule aspiration : Mère, O ma Mère divine.

DUKHATTĪ JVĀLAYIL

Dukhattī jvālayil kattikkariyumen
chittattilēkaṇē snēham
muktiku pātram alenkilum nin prēma
bhaktikku kāḷunnu dāham

Daigne accorder un peu d'amour à ce cœur qui brûle de chagrin !
Je ne suis pas apte à recevoir la Libération,
mais j'ai soif d'amour et de dévotion pour Toi.

Viṅgunnu mānasam tiṅgunna śōkattāl
maṅgunnu kaṇṇukaḷammē
muṅgātī jīvita naukayiteṅgane
taṅgunnu nin kālmunambil

Mon cœur palpite de chagrin, mes yeux faiblissent.
Comment puis-je maintenir à flot la barque de ma vie ?

Nin snēha sinduvil binduvāy tīruvān
vembukayāṇente svāntam
andhakārāvṛtam en manadyōvilor
ambiḷiyāy vannudikkū

Mon cœur languit de devenir une goutte dans l'océan de Ton amour. Daigne apparaître comme la pleine lune dans le ciel sombre de mon mental !

Mādhuryam tiṅgumā vāṅmaya tīrthattin
ōlattālullam tazhukū
snēhāmṛtamūṭṭi ōmkārasārārtha
sāndrāva bōdham teḷikkū

Daigne caresser et rafraîchir mon Coeur avec les eaux sacrées de Tes douces paroles ! Nourris-moi du nectar de Ton amour et éveille en moi une profonde conscience du Divin.

ENKIRUNTU VANDŌM

Enkiruntu vandōm
etai koṇṭu vandōm
enatenṭru kūṛiṭavē
etai izhandu ninṭrōm

D'où venons-nous ? Qu'avons-nous apporté avec nous ? Que perdons-nous et pourquoi le qualifions-nous de « nôtre » ?

Edanai ichittōm
epporulil patruvaittōm
pār tanil kaṭṭuṇṭu
paritavittu ninṭrōm

Qu'avons-nous désiré ? A quoi nous sommes-nous attaché ? Les regrets naissent de l'attachement à ce qui est périssable.

Enkiruntō vandān
enai kāṇ entrān
īrēzhulakilum
iruppavan nān enṭrān

Quand le Seigneur s'incarne parmi nous, Il nous enseigne
à voir correctement et Lui-même et le monde.
Alors nous percevons Sa présence en chaque atome de cet univers.

Avanai kaṇṭa pinbō
akattinil nikazhntatenna
āṇṭavan avanarulāl
aṟiyāmai nīnkappetrēn

Il n'existe pas de mots pour décrire ce qui m'est arrivé
après qu'Il m'eût accordé la vision de Sa forme universelle.
Par Sa grâce, l'ignorance en moi a été éradiquée.

ENNICHA TANNE

Ennicha tanne ninnichayennōtuvān
ennenikākkumenammē
ennaṟivu ninnaṟivil ninnu
viṭarunnuvennennu chollīṭuvānākum

Mère, quand pourrai-je affirmer que je n'ai pas d'autre désir que les Tiens ? Quand pourrai-je déclarer que la source de mon savoir est Ta Connaissance ?

En kriyakal nin chuvaṭu kaṇṭu tuṭarum
pulariyennu teḷiyum munnilammē
ichayām śaktiyum jñānamām śaktiyum
kriyayenna śaktiyum nīyē

Quand viendra le jour où je mettrai mes pas dans Tes pas ?
Mère, la capacité de vouloir, d'agir et de savoir, Tu es tout cela.

Ninnil ninnallāteyennil ninnuṇarunna
tonnumillaṛiyunnu ṭayē ñān
enkilum ninnartha garbhamām dṛṣṭiyil
en mukham tāzhnnu pōkunnu

O Mère, s'il est vrai que tout ce qui se passe en moi provient de Toi, pourquoi ne puis-je soutenir Ton regard quand il pénètre profondément dans mon âme ?

Ninnōla muyaruvānāvāttorī
bhūmiyente pātāḷamākunnu
en lōkamāṇu nin lōkamennōtuvān
ennenikkākum en ammē

Sur le plan de l'existence matérielle où je réside, il m'est impossible de m'élever jusqu'aux hauteurs divines où Tu demeures.
Quand pourrai-je affirmer que nous vivons dans le même monde, O Mère ?

Amṛtēśvarī sakala hṛdayēśvarī
Jaya jaya jaya jaya

Gloire à la Déesse immortelle, à la Déesse du cœur.

ENTĒ ENNAMMĒ

Entē ennammē innariyān amāntamen
santāpanāśini vandē jaganmayi
vallāte ñāninnu allal koṇṭurūkunnu
vallāyma māttuvān vannīṭukambikē

Pourquoi, O Mère, faut-il tout ce temps pour se fondre en Toi ?
Je Te salue, O Mère universelle. Tu balayes tous les chagrins.
Je souffre profondément ; daigne me délivrer de cette affliction.

Varūkillē nallorū chinta pōlinnum
varamillā pāzhtapassāṇō ī janmam
tamassēnti tamassēnti manassāke aṭayunnu
uṣassē nī uṣassē nī varūkillē nī

Pourquoi ne puis-je avoir une seule bonne pensée ? Ma vie n'est-elle qu'une vaine ascèse, qui ne m'apporte aucun bienfait ? Mon mental est plongé dans les ténèbres de l'ignorance, ce lourd fardeau. Comme l'aube se lève, viens en mon coeur !

Karakaṇākaṭalil ñān kaṭalāsutōṇipōl
tiramāla kūṭayunnu āzhttil aṭiyunnu
vazhiyillē ammē ī chuzhiyil ninnēṛuvān
aṇayillē ammē ī azhalil ninnēttuvān

Je ne suis qu'un bateau en papier qui flotte sur l'océan infini, balloté par les vagues jusqu'à ce qu'il sombre dans les abysses. N'y a-t-il aucun moyen d'échapper à ce maëlstrom ? O Mère, le moment n'est-il pas venu pour Toi de me tirer de cette détresse ?

Karaḷ tēṅikkarayunnu kadanam nirayunnu
karuṇārdra mānasē kṛpayillē tellum
azhalinte koṭumvaḷḷi viṭu vichu pōrūvān
aṛivillennammē nī tanne śaraṇam

Je pleure, le cœur débordant de douleur. O Mère compatissante, n'as-Tu pas la moindre pitié pour moi ? J'ignore comment me libérer des griffes de cette douloureuse folie. Tu es mon seul refuge, Mère.

GAJAI KAṬṬI

Gajai kaṭṭi ōṭi ōṭi bārō
emma kamala nayana kuṇintu kuṇintu bārō
ninna puṭṭapāda hṛṭuki hṛṭuki nāvu
ninna divyanāma hāṭi hāṭi bandevu

O Krishna, Tes yeux ont la forme des pétales du lotus !
Mets Tes bracelets de cheville et viens vite,
esquissant des pas de danse ! En quête de
Tes tendres petits pieds, nous chantons Tes noms divins.

Dēvakī nandana rādhā jīvana
kēśavā hare mādhavā
pūtana marddana pāpa vināśana
kēśavā hare mādhavā
gōkula bālane ōṭi bārō
gōpāla bālane kuṇintu bārō

Fils de Dévaki, Vie de Radha, Hare, Madhava,
Toi qui as tué la démone Putana, Toi qui effaces les péchés,
petit pâtre, viens vite, esquissant des pas de danse !

Kamsa vimarddana kāliya narttana
kēśavā hare mādhavā
āśrita vatsala āpat bāndhavā
kēśavā hare mādhavā
ōmkāra nādamē ōṭi bārō
ānanda gītamē kuṇintu bārō

Toi qui as tué Kamsa, qui as dansé sur la tête du serpent Kaliya, Késhava, Hare, Madhava, Tu es plein de tendresse envers Tes dévots.
Tu protèges ceux qui sont en danger, O Incarnation du Om,
viens vite, esquissant des pas de danse !

Pāṇdava rakṣaka pāpavināśana
kēśavā hare mādhavā
arjuna rakṣaka ajñāna nāśakā
kēśavā hare mādhavā
gītāmṛtamē ōṭi bārō
hṛdayānandamē kuṇintu bārō

Protecteur des Pandavas, Toi qui effaces les péchés,
Késhava, Hare, Madhava. Protecteur d'Arjuna,
Toi qui détruis l'ignorance, Tu es le Nectar de la Gita.
Béatitude du cœur, viens vite, esquissant des pas de danse !

GAṆANĀTHANIṆ ARUL

Gaṇanāthanin arul vēṇṭiṭuvōm
kavalaikal yāvum tīrntiṭavē
nāḷum gaṇanāthanin aruḷ vēṇṭiṭuvōm

Afin de triompher de tous nos soucis, prions constamment pour obtenir la bénédiction du Seigneur Ganesh !

Ōm enum mandira vaṭivai koṇṭavanē
ōtum maraipporuḷil ōnki nirppavanē
akila ulakirkum ādhāram nīyantrō
aṭiyavar manatinil nimmati niraintiṭavē

Seigneur Ganesh, Tu es l'Incarnation du mantra « Om ».
Tu occupes une place de choix dans les Védas.
Tu es le fondement stable de l'univers entier.
Quiconque te vénère voit son cœur se remplir de paix.

Vēzha mukham kaṇṭāl vēdanai tīrntiṭumē
vēṇṭum varankalai vēṇṭāmal tarumbavanē
umaiyavaḷ maintanē un aruḷ nāṭukiṛōm
punnagai mukhatōṭu puvi tannai kāttiṭavē

Sans même que nous Te le demandions, Tu exauces nos désirs.
Lorsque nous contemplons Ton visage d'éléphant, nos chagrins s'envolent.
Fils de Parvati, Ton visage est souriant, daigne bénir et protéger cette Terre.

GAṆĒŚĀYA NAMAḤ ŌM

Gaṇēśāya namaḥ ōm ganēśāya namaḥ
jay jay jay gaṇēśāya namaḥ ōm

Je me prosterne devant Ganesh; Gloire à Lui.

Guṇa gān tēri sun hē gaṇēśā
kṛpānidhi tum sab kē īśā
dīn bandhu tum jag kē trātā
pārvati nandana ṣaṇ mukha bhrātā

Je chante Tes louanges, daigne m'écouter, O Seigneur Ganesh.
Trésor de compassion, Seigneur de l'univers.
Tu es l'Ami des malheureux, le Sauveur du monde,
Fils de la Déesse Parvati, Frère aîné de Muruga.

Tum hō prabhu guṇ jñān kē sāgar
sur muni man mē nit ujāgar
karū prasanna mē kēsē nāthā
prēm bhakti sab sukh kē dātā

O Seigneur, Océan de vertu et de connaissance.
Dans le cœur des sages, Tu brilles à jamais. Tu nous accordes la vraie dévotion ainsi que les plaisirs du monde.
Que puis-je faire pour Te satisfaire ?

Mērē man mē ab ēk hī āśā
ēk hī ās daras kō pyāsā
hṛdaya kamal tērī ōj mē phūlē
miṭē andhiyārā man mōj mē jhūlē

Je n'ai plus qu'un seul désir : j'aspire à Te voir.
Puisse le lotus de mon cœur s'épanouir dans Ta lumière.
Puissent les ténèbres s'évanouir et mon cœur danser de joie.

GŌPĀLA NACHŌ

**Gōpāla nachō nachō gōkula bālā
gōvinda bōlō bōlō vēṇuvilōlā
giridhārī gāvō gāvō naṭavaralālā
vanamālī dhimi dhimi rāsavilōlā**

Danse, O Gopala, petit pâtre. Chante, O Gopala,
petit joueur de flûte ! Tu as soulevé la montagne,
O sublime Danseur ! Tu portes une guirlande
de fleurs sauvages ; Tu savoures la danse *rasa* !

**Muralī dhara mukunda mādhava
manamōhana mathuranātha
nandalālā navanīta chōrā
śyāma varṇṇā sundarabālā**

O Krishna, Tu tiens une flûte, Tu captives les cœurs.
O Seigneur de Mathura, Enfant chéri de Nanda,
Tu charmes tous les êtres de la création,
O bel Enfant au teint sombre !

**Madhusūdana gītānāyaka
Śrīrādhā vallabha kṛṣṇa
yamunātaṭ kuñjavihārī
hē yādava yadukula nāthā**

Tu as tué le démon Madhu, Tu nous as enseigné la Gita ;
Bien-aimé de Radha, Tu joues dans les bosquets sur les berges
de la rivière Yamuna, Seigneur du clan des Yadus.

**Nārāyaṇa naraharirūpā
vasudēva natajanapālā
śrī kṛṣṇa śrī hari kṛṣṇa
gōpī jana hṛdaya vihārā**

O Seigneur, Protecteur de ceux qui ont abandonné tout autre refuge, O Seigneur Vishnu, toujours propice, Tu joues dans le cœur des gopis.

GŌVARDHANA DHARA

Gōvardhana dhara gōkula nandana
gōpī janapriya gōpari pālaka
kēśava mādhava yādava mōhana
muralī mukundā murārē
murārē... murārē... murārē... murārē

Tu as soulevé la montagne Govardhana, O Enfant de Gokul, Bien-aimé des gopis. Bel enfant né dans le clan des Yadavas, Ta présence honore toutes les vaches, O Krishna.

Mērē kanhā mērē kanhā
ājāvō hē nanda dulārā

O mon Krishna, Fils de Nanda, viens.

Mākhan churānē kanhā
ānā chupkē sē mērē dhār
na karnā mujhkō tum udās ō pyārē
ṭhumak ṭhumak chalat chalat āvō kanhayyā āj

Viens dérober du beurre dans ma maison, ne me déçois pas aujourd'hui, mon Krishna chéri, viens !

Atbhuta hē līla tērī
mahimā tērī hē apār
tarsē hē nayanā daras kō tērē
rās rachānē ranga jamānē āvō kanhayyā āj

Ton jeu divin est mystérieux, Ta grandeur est infinie. Mes yeux ont soif de Te voir, viens aujourd'hui danser et jouer avec moi.

HARI GŌPĀLĀ HARI GŌPĀLĀ

Hari gōpālā hari gōpālā (4x)

O Seigneur, Gopala.

Kāyāmbuvarṇṇā nin smaraṇayāl manam nīla
kaṭambu vṛkṣam pōle taḷiraṇiññīṭunnu

O Krishna, magnifique est Ton teint bleu sombre.
En songeant à Toi, mon mental se couvre de tendres feuilles nouvelles, comme un arbre *kadamba* bleu.

Mukiloli maṇivarṇṇan mṛdu pāda sparśattālen
manassoru vṛndāvaniyāy māttukillē kaṇṇā
ivaluṭe janmam ennum amṛtasvarūpanām nin
vanamālayil kōrtta tulsi pōlākaṇam
hari gōpālā hari gōpālā.

O Kanna, Tu as le teint bleu des sombres nuages de pluie.
Viendras-Tu transformer mon mental en Vrindavan
par le doux contact de Tes pieds ? O Seigneur, que ma vie
soit à jamais une feuille de tulasi dans la guirlande
de fleurs que Tu portes, O Dieu immortel.

Kāruṇya pūruṣanām nin tiru mizhikaḷen
hṛttilē tāpamellām akattīṭaṇē kaṇṇā
janma sāphalyām ēkum nin rūpam darśikkuvān
ivaluṭe nētraṅgaḷe anugrahikkū kaṇṇā
hari gōpālā hari gōpālā.

O Kanna, Incarnation de la compassion, puisse Ton regard divin
chasser de mon coeur toutes les souffrances. Bénis mes yeux,
afin que je puisse avoir Ton *darshan* (vision). Cette vision
nous amène au but ultime de la vie humaine.

HĒ KṚPĀMAYĪ AMBĒ

Hē kṛpāmayī ambē
hē dayāmayī dēvī

O Mère compatissante, O Déesse miséricordieuse !

Ham hē tērē bachē mā
kṛpā tū ham par kar nā mā
ek yahi āśā hē mā
isē tū purā kar nā mā

Je suis Ton enfant, accorde-moi Ta grâce, O Mère,
tel est mon seul désir ! Daigne l'exaucer !

Dard bharā jīvan hē mā
dard miṭhānē vālī tū
jal dī ākar jīvan mē
barsānā tū amṛta sadā

La vie est pleine de chagrin,
Mère, Tu es là pour mettre un terme à ces souffrances !
Viens vite répandre dans ma vie Ta grâce éternelle !

Pyār sē ham kō pāl nā mā
rāh dikhānā ham kō mā
tērē charaṇō mē mayyā
bas jāyē ham jal dī mā

Protège-nous avec Ton amour, Mère ! Montre-nous la voie !
Sans plus tarder, accorde-nous une place permanente à Tes pieds,
O Mère !

HĒ MAIYĀ TŪ

Mā jay mā mā jay mā
jay jay mā jay mā jay mā
mā jay mā mā jay mā
jay jay mā jay mā jay mā

Gloire à Mère.

Hē maiyā tū ati pyārī
tū ākar basnā dil mē
tērā hī ēk sahārā
jīnē kā sambhal hamārā

O ma Mère chérie, daigne venir vivre dans mon cœur.
Tu es mon seul soutien, ma seule force.

Sumiran tērā kartē he
dhyān tērā hī dhartē he
miṭ tē he us sē sārē
kaṭ tē he duḥkh hamārē

En pensant à Toi et en méditant sur Toi,
nous sommes libérés de toutes nos souffrances.

Vinatī yē sun lē maiyā
apnālē hamkō jaldī
tērē hī ēk bharōsā
jītē ham tērē bachē

Daigne entendre ma prière, O Mère. Nous avons hâte
de T'appartenir ! Tu es le seul espoir de Tes enfants !

HṚDAYA PUṢPAVĒ

Hṛdaya puṣpavē hēlu nin
nayana toyda jalayāvudu
duḥkha bāṣpavō ānanda bāṣpavō
jēnō prēmarasavō

Dis-moi, O fleur de mon cœur, quelle est cette eau qui humecte
Tes yeux ? S'agit-il de larmes de douleur ou de larmes de joie ?
Est-ce du miel ou s'agit-il du pur suc de l'amour ?

Anubhūtigala madhurasmṛtiyali
hṛdayavāyitē amṛta
hēḷu nayana neneda kāraṇa
vichārava mānasamalare

Est-ce l'ambroisie qui suinte du doux souvenir des expériences
divines les plus belles ? Dis-moi, ô fleur de mon cœur,
quelle émotion Te fait verser des larmes ?

Ī MANŌJÑA BHŪMIYIL

Ī manōjña bhūmiyil jīva gangā dhārayil
nīntivanna dēvalōka rāja hamsa vāhini
en manassil tānuvanna śānti dūtiyāṇu nī
śānti dūtiyāṇu nī

Déesse venue des mondes célestes, montée sur Ton cygne
Tu es descendue en voguant sur le Gange jusqu'à cette création
magnifique. Tu apportes la paix à mon âme.

Sāma gāna mālapikkum āzhiyalakaḷ pōlum
ātma harṣa nirvṛtiyil līnamāya pōle
nin chiritan manjịmayil nīntiyāṭi nīḷe
nīntiyāṭi nīḷe

Les vagues de l'océan psalmodient le mantra Om,
le son qui se fond dans la béatitude du Soi.
Dans la douceur de Ton sourire, les vagues dansent.

ūnamezhā jñāna vāypil ūzhi kākkum ammē
sīmayezhā snēhavāypil tēṅga lāttum ammē
en manassin kalviḷakkil dhyēya dīpamāṇu nī
dhyēya dīpamāṇu nī

De Ta connaissance infinie, O Mère, Tu protèges ce monde.
De Ton amour infini, Tu apaises nos cœurs en pleurs.
Dans la lampe de mon cœur, Tu es la flamme sur laquelle je médite.

dāha hṛittaṭam taṇukke nī kaniññu peyyavē
snēha dhārayil kutirnnu ñānaliññu tīravē
mēdinī hṛdantamām hṛdam tuḷumbiṭunnitā
hṛdam tuḷumbiṭunnitā

Pour apaiser mon cœur brûlant, Tu répands Ta grâce ;
je fonds sous la pluie de Ton amour.
Le tréfonds de mon cœur baigne dans l'amour divin.

INIYENTINĀLASYAM

Iniyentinālasyam iniyentināmayam
iniyentinēkānta neṭuvīrppukaḷ
kaṇṇīrtuṭaykunnor amma tan tāriḷam
kaikaḷil kuññuṅgaḷ nammaḷ

Quelle raison avons-nous d'être las ou déprimés ?
Pourquoi pousser des soupirs languissants dans la solitude ?
Nous sommes désormais de petits bébés dans les tendres bras de la Mère qui essuie toutes les larmes.

Kaṇṇunīr kaṇikakaḷ malarāki māttiṭām
amma tannōmalkazhalil
gadgadaṅgaḷ mahita mantraṅgaḷākiṭām
amma tan nāma smṛtiyil

Aux pieds sacrés de Mère, que nos larmes se transforment en fleurs.
Que nos balbutiements deviennent de nobles mantras,
récités en pensant au nom divin de Mère.

Ariyāt irikunnuvenkilum akaneññi
larivāyirikunnitamma
oru pūvil oru tuḷḷi madhuram kaṇakkuḷḷil
uṛavāyirikunnitamma

Bien que je n'aie pas l'experience de cette vérité,
Mère demeure au plus profond de moi en tant que pure existence.
Elle est présente en chaque fleur, Source de la moindre goutte de nectar.

Santōṣabharitam parālparē hṛdayattil
nin prēma pada bhakti bhāvam
veṇ tārakam pōle minnunnit eppozhum
nin ormma chintānabhasil

La pure dévotion pour Tes pieds sacrés remplit mon cœur de joie.
O Mère, au ciel clair de mes pensées, mes souvenirs brillent comme des étoiles.

ĪŚĀR TUMĪ (BENGALI)

Īśār tumī dayā karō
tumī binā kē āchē

O Seigneur, sois miséricordieux envers nous.
Qui, sinon Toi, s'occupera de nous ?

Jagat srōṣṭā ō tumī
bināśakāri ō tumī
bipōdē trāṭṭā hō tumī
tumī binā kē āchē

Tu crées et Tu détruis le monde. Le malheur lui-même est Ta création. Qui, sinon Toi, s'occupera de nous ?

Mātā tumī tumī pitā
bōnḍu tumī tumī ṣōkā
kēbōl tōmāri āsrōy
tumī binā kē āchē

Tu es notre Mère, notre Père,
notre Bienfaiteur et notre Ami.
Tu es notre seul refuge.
Qui, sinon Toi, s'occupera de nous ?

Nāhī rākhī kōnō khabar
tōmār gūṇō gān chāḍā
jāyē tō ār kōthāy jāyi
tumī binā kē āchē

Nous ne savons rien. Sans Ton amour
pour nous, que deviendrions-nous ?
Qui, sinon Toi, s'occupera de nous ?

ĪŚORI JOGODĪŚARI (BENGALI)

Īśori jogodīśari
poripālini koruṇāmōyi
śāśoto mukti dāyini dukho
hōrō momo jonanī

O Déesse, Déesse de l'univers, Toi qui protèges, Toi qui donnes la Grâce et l'éternelle Libération, délivre-moi de la douleur.

Ṣoṅsārēl ṣukh dēkhēchi ami
śēśē tārā dukhō dāy
ṣē kōṣṭō mōre diyōnā- ma
ōgnitē pōton goṣomo

J'ai vu les plaisirs de ce monde causer tant de douleur.
Ne me fais pas souffrir comme le papillon de nuit qui tombe dans le feu.

Kāmonār pāś ṣomukhe mā
morōṇer pāś pośchāttē
duyipāśē bēndhē rākhō mōrē
ekē mōṇ tobo līlā

Le noeud coulant du désir m'a lié par devant et
celui de la mort m'a lié par derrière.
Quel dommage, O Mère, que de jouer à les nouer ensemble !

Pothobhōlā nākkarō nā mōrē
kṛpākorō jonanī
klēśōnāśini śkōbhār momo
ṣokkōlī korōdur

Ne m'indique pas un mauvais chemin,
O Toi l'Eternelle, répands Ta grâce sur moi.
O Mère, Toi qui détruis le malheur,
soulage-moi du poids de la douleur.

Mānōb jonma phalērjōnno
kori āmi prārthonā
sorborūpiṇi mohādēbi
tobopādēkori bōndanā

O Mère du monde, pour obtenir le fruit
de la naissance humaine, je Te prie les mains jointes.
O Déesse du monde, Essence de toute chose,
je me prosterne à Tes pieds.

JAG MĀTĀ

Jag mātā ko dil sē pukāro
ma ka bhajan prēm sē gāvo
mere dil mē maiyya kab āvoge
nāto rothe āsuvon mē dūbjāyēngē

Du fond du cœur, appelez la Mère de l'univers. Chantez pour Elle avec amour. « Quand la Mère divine viendra-t-elle dans mon cœur ? Si elle ne vient pas, je vais me noyer dans un océan de larmes. »

Tēri ānkhen to dayā ka sāgar hai
tēri bāhon mē mēri mukti hain
tērē āwāz sunkar man mē śānti āye
tērē mukh dekhar dil mē pyār āye

Mère, Tes yeux sont un océan de compassion. Dans Tes bras, je suis libéré. Lorsque j'entends Ta voix, la paix règne en moi. Lorsque je vois Ton visage, mon cœur se remplit d'amour.

Are ma ka bhajan zor sē gāvo
bhakti bhavse mak ka pyāra nām bōlō
durga durga bhavāni jaya bhadrakali
munijana pālaki jayatu śivāni

Chantez pour Mère de tout votre coeur. Répétez avec dévotion le nom chéri de Mère : « Durga, Durga, Bhavani, gloire à Bhadrakali qui protège les sages, gloire à Toi, l'Essence de Shiva. »

JAI GŌPĀLAKA

Jai gōpālaka jag hitakārī
jai muralī dhara kunjavihārī
chambi tērī pānē kō pyārī
taras rahē kṛṣṇa murārī

Gloire à Gopala, gloire à notre Bienfaiteur !
Gloire à l'Enfant qui tient une flûte
et s'ébat joyeusement dans les bosquets !
O Krishna adoré, nous nous languissons de Toi !

Kṛṣṇa kṛṣṇa jaya rādhā kṛṣṇa
kṛṣṇa kṛṣṇa manamōhana kṛṣṇa
kṛṣṇa kṛṣṇa muralīdhara kṛṣṇa
kṛṣṇa kṛṣṇa madhurādhipa kṛṣṇa

Gloire à Krishna, qui captive les cœurs,
gloire à Muralidhara (*Celui qui tient une flûte*) !
O Krishna, Seigneur de Mathura !

Ham kō darśana dījō giridhara
sankata dūr karō tum manahara
tērē milan kō kyā taṭ pāyē
sudh budh khō ham pagalāyē

Accorde-nous Ton darshan, O Krishna,
balaye nos doutes. Si grande est notre impatience
de nous fondre en Toi que l'agitation s'est emparée
de nous. Nous avons perdu la raison !

Jīvan mē yah ēk hi āśā
tum hī hamārā ēk bharōsā
ham kō nirāś karōgē kyā tum
tab karuṇā tum kis par karōgē

Mon seul désir est de me fondre en Toi.
Tu es le seul en qui on puisse avoir confiance.
Vas-Tu nous rejeter ? Dans ce cas,
qui peut mériter Ta compassion ?

Āvō jal dī darśan dē dō
ham kō tum jal dī apanāvō
karuṇāmay hō yah mat bhūlō
karuṇā karkē ham kō ubārō

Viens vite, accorde-nous Ton darshan ! Rends-nous tiens !
Ta nature même est la compassion, ne l'oubllie pas ! Montre-Toi
miséricordieux envers nous et élève-nous jusqu'à Toi !

JAI JAGADAMBĒ AMBĒ MĀTĀ

Jai jagadambē ambē mātā
dhāv jhaṇī āttā
kṛpākarī hē ambē mātā
dhāv gheyī ātā

Gloire à la Mère de l'univers ! Daigne nous sauver
sans plus tarder, Mère, accorde-nous Ta grâce !

Jay jaykār jay jaykār
āyī tujhē jay jay kār

Gloire à Mère.

Nahī śakti nahī bhakti
jhad kari hṛdayi dhari tū āyī
dhanya jyās mīḷē tujhē darśan
tujhyā charaṇi śata kōṭi vandan

Chacun reçoit Ta grâce selon sa foi. La foi de certains leur permet
d'obtenir Ton *darshan*, alors ils atteignent
le But de la vie. Mère, j'offre des prières innombrables à Tes pieds.

Dhanya dhanya vhāvē āyī
darśan ghadō ṭhāyī ṭhāyī
tava charaṇi mama prītī tsadhlī
hētsa mājhē bhāgya āyī

J'ai eu la grande chance de pouvoir offrir
quelques modestes services à Tes pieds.
O daigne me bénir en m'accordant
à l'avenir d'innombrables occasions similaires.

JAI JAI JAI GAṆANĀTHA GAJĀNANA (PĀHI GAJĀNANA)

Jai jai jai gaṇanātha gajānana
jai jai jai gaṇanātha gajānana

Gloire à Ganesha au visage d'éléphant.

Pāhi gajānana parama dayākara
sidhivināyaka svāmi – śiva
parvati priyatanayā
gaṇanāyaka maṅgala śubha sadanā

Je prends refuge en Ganapati, le Dieu qui a pris la forme d'un éléphant. O Dieu suprêmement compatissant, Tu détruis le malheur, Fils bien-aimé de Shiva et de Parvati, Source de tout ce qui est propice.

Śāśvata nāda śarīramanōhara
śrī gaṇapati śritapālā
śvētāmbaradhara chidghanarūpā
pādāmbujam abhayam

Incarnation du son éternel Om, Tu captives les cœurs, Tu préserves tout ce qui est bon, Dieu vêtu de blanc, Incarnation de la pure Conscience. Tes pieds bénis sont mon refuge.

Vandita pādā nandita rūpā
vighna vināyaka dēvā
mōdaka hasta amōdaka dāyaka
mām pālaya jagadīśa

Tes pieds sont dignes de vénération et Ta forme charmante est l'Incarnation de la béatitude. O Seigneur, Tu balayes les obstacles et les malheurs. Tu tiens le *modaka* (une boulette fourrée et sucrée), Ta friandise préférée. Daigne me protéger, O Seigneur du monde, Toi qui donnes la joie.

JAI JAI JAI GAṆANĀTH GAJĀNANA

Jai jai jai gaṇanāth gajānana
kaṣṭ harō hamārā

Gloire à Ganesh au visage d'éléphant.
Daigne ôter tous les obstacles

Riddhi siddhi kē tum hō swāmi
prēma bhakti kē data
andhkār mē dubē man kō
kar dō ab ujiyārā

Seigneur de la prospérité et de la puissance,
Tu accordes l'amour et la dévotion. Illumine ce cœur
plongé dans les ténèbres de l'ignorance.

Tujhkō mēra pēhla vandan
bār bār praṇām - gajānana

C'est devant Toi que je me prosterne en premier.
Prosternations infinies.

Rup tēra he kitna pyārā
mā pārvati kē bālā
māna māta pitā jag sārā
param jñān phal pāyā

Que Ta forme est charmante, O Fils de Parvati ! Tu as vénéré Ton père et Ta mère, voyant le monde entier contenu en eux ; c'est ainsi que Tu as obtenu le fruit de la Connaissance suprême.*

Gīt pē mērē nācho gaṇapati
bhakt ka dil bharjāyē - gajānana

Danse au rythme de mon chant, O Ganapati,
et remplis ainsi mon cœur de joie !

JAI JAI MĀTĀ

Jai jai mātā jai jagad jananī dēvi mātā
vijayē mātā priyajana pālini vimalē mātā
vīṇāpāṇi vidyādāyini sarasvati mātā
jananī jay jay jagadō dhāriṇi jay jay mātā

Gloire à Mère, gloire à la Mère de l'univers. Gloire à la Protectrice bien-aimée. Gloire à Sarasvati qui tient une *vina* et accorde la Connaissance. Gloire à Mère, Celle qui élève la conscience du monde.

Dēvi mātā durgē mātā vidyā mātā śaktī mātā
ambē mātā kali mātā jay jay jay
jagadambē mātā jay jagadambē jay jay jay

O Mère divine, Dévi, Durga, Kali, Toi qui accordes
la Connaissance et la Puissance ! Gloire à Toi.

Jay jay mātā sundara vadanē mahitē mātā
jay jay mānasa hamsini lasitē varadē mātā
jananī jay jay jagadō dhāriṇi jay jay mātā

Gloire à la Mère divine au visage splendide. Gloire au cygne qui s'ébat dans le mental du yogi, gloire à Celle qui accorde des faveurs et qui élève la conscience du monde entier !

Jay jay mātā himagiritanayē pārvati mātā
jay jay hṛdaya nivāsini śrīmayi śubhadē mātā
jananī jay jay jagadō dhāriṇi jay jay mātā

Gloire à Parvati, Fille de la montagne Himavan.
Gloire à Celle qui demeure dans le cœur, qui accorde
ce qui est propice, qui élève la conscience du monde entier !

JAI JAI RĀM

Jai jai rām kṛṣṇa harē
jai jai rām kṛṣṇa harē

Gloire à Rama ! Gloire à Krishna !

Daśaratha nandana rāma namō
vasudēva nandana kṛṣṇa namō

Salutations à Rama, Fils de Dasaratha.
Salutations à Krishna, Fils de Vasudeva.

Sītā vallabha rāma namō
rādhā vallabha kṛṣṇa namō

Salutations à Rama, Bien-aimé de Sita.
Salutations à Krishna, Bien-aimé de Radha.

Rāvaṇa mardhana rāma namō
kamsa niṣūdana kṛṣṇa namō

Salutations à Rama qui a tué Ravana.
Salutations à Krishna qui a tué Kamsa.

JAI MĀ BHAVĀNĪ

Jai mā bhavānī jagadambē
jai mā śivānī jagadambē

Gloire à Bhavani, gloire à Shivani, la Mère de l'univers.

Tērē pyār kē ik būnd kē liyē mēnē
chōḍ diyā sansār
nā sukh chāhū nā kuch chāhū- mā
chāhū tō tērā pyār

J'ai quitté les ténèbres du monde en espérant obtenir
une goutte de Ton amour immortel.
Je ne désire ni le bonheur, ni quoi que ce soit d'autre ;
je veux simplement que Tu m'accordes Ton amour.

Nanhā hū mē nādān hū
rastōn sē tērē añjān hū
ik tērē pyār kē bal par jiyū
chōḍ na dēnā sāth

Je ne suis qu'un petit enfant innocent,
étranger à Tes voies. Je ne vis que
pour Ton amour, ne me quitte jamais.

Ik tū hī bharōsā tūhī sahārā
ik tērē sivā nā kōyī hamārā
rakṣā karō surakṣā mē tērī
jīvan kā hō savērā

Tu es ma seule foi et mon seul soutien.
Je n'ai personne d'autre que Toi.
Daigne me sauver, O Mère ! Pour que l'aube
se lève enfin en moi, j'ai besoin de Tes soins constants.

Jab tērē hō gayē he ham
tō kis bāt kā bhalā hamkō hō gam
jō tērā sāyā hō ham par hardam
jō tērē sahārā hō har ik kadam

Maintenant que je suis enfin devenu Ton enfant,
je n'ai plus de raison d'être triste. Tu seras toujours
à mes côtés, guidant chacun de mes pas.

JAPŪ MĒ SADĀ

Japū mē sadā hari kā nām
rāt din subhah śyām
rādhē śyām rādhē śyām
kṛṣṇa nām kṛṣṇa nām

Je chante sans cesse le nom de Hari. Nuit et jour,
du matin au soir, je chante Radhe Shyam et Krishna.

Rādhē śyām kṛṣṇa nām mē gāvū rē
harē rām harē kṛṣṇa nām japū rē
santa sajjana sang mi milu rē
satguru charaṇa pūja bhajan karū rē

Je chante les noms glorieux de Radhe Shyam et de Krishna,
sans jamais m'arrêter. Je reste en compagnie des saints,
des êtres bons et purs. Tout en vénérant les pieds du guru,
je chante les louanges du Seigneur.

Śyām jap nām jap sadā bōlū rē
śrīdhar vāsudēv bhajan karū rē
murali gān mē mi nacho rē
mukundā gōvinda bhajan karū rē

Je chante à jamais le nom sacré de Shyam.
Je chante les louanges de Sridhara Vasudeva.
Lorsque j'entends les mélodies émanant de la flûte du Seigneur, je danse. Plongé dans l'extase, je chante Mukunda, Govinda.

Madhusūdhana madanamōhana śaraṇa rahū rē
nārāyaṇa nārāyaṇa guṇ gāvu rē
murali gān mē mi nāchū rē
mukundā gōvinda bhajan karū rē

Je prends refuge en Madhusudana, Celui qui a tué le démon Madhu.
Il captive le cœur des dévots. Je chante les louanges de Narayana.
Lorsque j'entends Sa flûte, je danse, perdu de béatitude.
Plongé dans l'extase, je chante Mukunda, Govinda.

JŌT JALĀLĒ

Jōt jalālē rām ki manamē
sab viṣayō kō āndhiyārē taj

Pour disperser les ténèbres, gardez Rama dans votre cœur.
Chantez Rama, chantez le nom de Rama.

sab rōgōm kī auṣadh rām
har uljhan kī suljhan rāmā
rām rām jay jay rām (2x)
Jab bhī sankaṭ sē ghir jāyē
man pagalē tū rām rām bhaj
Rām rām bas rām rām bhaj (2x)

Il est le remède à tous les maux. Ram seul est la solution à tous nos problèmes, gloire à Ram. O mon mental, lorsque tu es assailli par les problèmes, ne sois pas sot, chante le nom de Ram.

madhur nahī kōyī gīt rām sā
nikaṭa nahī kōyī mīt rām sā
rām rām jay jay rām rām (2x)
Amṛit madhumayī jīvan chāhē
rām rām ras rōm rōm rach
Rām rām bas rām rām bhaj (2x)

Il n'existe pas de chant aussi doux (que le nom de Ram),
il n'existe pas de bien-aimé qui soit plus proche que Ram.
Gloire à Ram. Si vous désirez une vie qui soit pure ambroisie,
que le nectar du nom de Ram imprègne chacune de vos cellules.

rām nām bin jñān na kōyī
rām chōḍ vijñān na kōyī
rām rām jay jay rām rām (2x)
Jagatī kē sab bhēd khulengē
rām nām kā karalē jap tap
Rām rām bas rām rām bhaj (2x)

Sans le nom de Ram, il ne peut y avoir de connaissance.
Il n'existe aucune expérience autre que Ram. Gloire à Ram.
Tous les secrets de la création seront révélés à celui qui répète le nom de Ram.

rām kī mahimā yōgī gavē
bhagat rām bhaj rām hī pavē
rām rām jay jay rām rām(2x)
Prabhu kā pāvan mandir ban jā
niś din pal pal rām nām bhaj
Rām rām bas rām rām bhaj (2x)

La gloire de Ram est célébrée par les yogis.
Les dévots qui chantent le nom de Ram atteignent Ram.
Gloire à Ram. Devenez le temple sacré du Seigneur.
Jour et nuit, à chaque instant, chantez le nom de Ram.

Rām rām bōlō rām rām (2x)
rām rām bas rām rām bhaj
rām rām bas jay jay rām

Chantez le nom de Ram, vénérez-le, gloire à Ram.

JVALANA KALYĀṆA

Jvalana kalyāṇa mēghamāy enmanō
gagana vīthiyil nī varū daivamē
kadanamāḷumen vēpathu chētasil
tuhinaśītāśudhārayāy tīraṇē

O Mère, viens, comme un nuage radieux et bienfaisant dans mon vaste ciel intérieur. Viens, telle la lumière apaisante de la lune, dans les profondeurs douloureuses de mon être tremblant.

Vimalamākuken mānasam nirmalē
sajalamākuken nētra tīraṅgaḷe
jvalitamākuken ōrmakaḷ eppozhum
saphalamākuken jīvitam santatam

O Toi qui es pure, rends mon cœur pur ! Que des larmes perlent au coin de mes yeux, tant j'aspire à Toi. Que les souvenirs des moments passés auprès de Toi illuminent mon cœur. Puissé-je connaître la plénitude pour l'éternité.

Sakalanēravum nērāṇenikku nī
aṛivinappuṛatt ānandam āṇu nī
akaleyallātma sāramāṇ amma nī
azhivezhātullorāgamakkātal nī

Tu es pour moi la seule Vérité, pour l'éternité.
Ton Essence réelle est la béatitude qui transcende l'intellect.
Tu demeures en moi en tant que mon Soi réel,

nous ne pouvons donc jamais être séparés.
Tu es également les vérités indestructibles
énoncées dans les Ecritures.

Eḷimayil nilam pattinin uḷkkaḷam
eriyumāśayonnammay ōṭōtiṭām
iṭaviṭāte nin pādasmaraṇayil
uṇaraṇam amṛtānanda pūrṇamāy

Mon coeur est douloureux, tant il aspire à Ta grâce.
Il brûle de Te révéler à quel point il aspire à s'unir à Toi, O Mère.
Grâce au souvenir incessant de Tes pieds sacrés,
puisse la pleine lune de la béatitude éternelle se lever en moi.

JYĀ JYĀ ṬHIKKĀṆI

Jyā jyā ṭhikkāṇi man jhāy mājhē
tyā tyā ṭhikkāṇi nij rūp tujhē
mī ṭhēvitō mastak jyā ṭhikāṇi
tēthē tujhē viṭhalā pāyadōni

Où que soient mes pensées, j'y vois Ta forme divine.
Où que je pose ma tête, Vithala, Tes pieds de lotus sont présents.

Viṭhalā viṭhalā viṭhalā viṭhalā
ānanda jhālārē darśanī viṭhalā
prēmānē harṣalā man pāhūna viṭhalā
viṭhalā viṭhalā viṭhalā viṭhalā

Le darshan de Vithala m'a plongé en extase. En Le voyant,
mon cœur s'est rempli d'amour ; me voilà transporté de béatitude.

Amṛtā tsā pān tujhē gōḍnām
tujhē gōḍ chintana ātma sukha dān
mitra tujh gharā jagāt sakalā
sukṛtān chē phal rē bhēṭalā viṭhalā

La répétition de Ton nom si doux est un nectar. Méditer sur Toi nous apporte la béatitude du Soi. Tu es l'Ami de tous les êtres de l'univers.
Si j'ai pu Te rencontrer, cela est dû aux fruits des bonnes actions accomplies dans des vies antérieures, O Vithala.

Sadā mājhē sanga tujhē divya nām
tujhē gōḍ chintan param pada dān
paramānand rē paramānand
uttam sudin āj bhēṭalā viṭhalā

Puisse Ton nom divin être toujours avec moi. En méditant sur Toi, on accède à l'état suprême. O Béatitude suprême ;
aujourd'hui est le plus beau des jours, car j'ai vu Vithala !

KADANA BHĀRAM

Kadana bhāram tāñguvān
kazhiyātalayum ēzha ñān
karuṇa nirayum hṛdayamuḷḷoru
viśvam ātāvallē nī (2x)

J'erre, sans aucun repère. Le fardeau de mes chagrins m'empêche de vivre. N'es-Tu pas la Mère universelle, dont le cœur déborde de compassion ?

Abhayam āśichambikē nin
savidham aṇayunninnu ñān
kṛpa tuḷumbum mizhikalālī
yēzhaye nōkkēṇamē (2x)

M'approcher de Toi et prendre refuge en Toi, tel est mon désir. Daigne m'accorder un regard, de Tes yeux pleins de compassion.

Varaḷumī marujīvitē mazha-
mēghamāy vannīṭu nī
amṛta peytānanda śītaḷa
dhārayākkiyozhukkiṭū (2x)

Viens, je T'en prie, comme un nuage apportant
la pluie dans le désert de ma vie.
Répands sur moi l'ambroisie de la Béatitude.

Aṇayumō nin padatalēyi
nnente jīvan ambikē
azhalakannamṛtozhukiṭān
ivanilum kṛpa tūkaṇē

O Mère, permets-moi de m'unir à Tes pieds ;
accorde-moi Ta grâce. Balaye tous mes chagrins
et répands sur moi l'ambroisie de la Béatitude.

KĀLIMĀTĒ JAG KĪ MĀTĒ

Kālimātē jag kī mātē
dīnā nāthe jai hō tērī

Gloire à Kali, la Mère de l'univers,
Protectrice de ceux qui souffrent.

Śyāmē śakti śambhu priyē
bhakti pradē dēnā mukti

Déesse au teint sombre, Shakti, Bien-aimée de Shiva,
Toi qui donnes la dévotion, daigne m'accorder la Libération.

Vānīrūpē vidyādātri
vīnālōle gānapriyē

Sarasvati, Déesse de la connaissance, Tu aimes la musique,
Tu joues de la *vina* (luth indien).

Māyā rūpē, mātē gaurī
sārī sṛṣṭī tērī līlā!

Mère Gauri, Ta forme est *maya*, la création entière est Ton jeu.

KALPĀNTARANGALKKUM

Kalpāntarangalkkum appurattākumor-
albhuta ramya svarūpam
albhuta ramya svarūpam
peṭṭennaṭimalar toṭṭuvandi chīṭan
ettukayāṇival ammē ettukayāṇival ammē

Avec diligence, je me prosterne aux pieds sacrés de Mère ;
stupéfiante est Sa beauté ; Elle transcende les nombreux cycles du temps.

Ā ramya harmmyattil āzhān kotipūṇṭu
tēngukayāṇivalennum tēngukayāṇivanennum
nī varumō ente mānasappoykayil
nīnti nīrāṭiṭānammē ennum
nīnti nīrāṭiṭān ammē

J'aspire à demeurer dans un lieu pur. O Mère,
viendras-Tu Te baigner dans le lac tranquille de mon mental ?

Ārākilum manam ēkān maṭikkāttor
ālamba śāli tan pādē ālambaśāli tan pādē
ī makalkkum kotiyērunnu dēvi nin
pūjāmalarāy tīrān pūjāmalarāy tīrān

Je prends refuge aux pieds de cette noble Déesse
qui apaise toutes les souffrances. O Mère, mon désir de devenir
une fleur digne d'être offerte lors de Ta puja ne fait que croître.

KĀṆAKKAṆ KŌṬI

Kāṇakkaṇ kōṭi vēṇṭum
annai kātyāyaniyām
amṛtēśvarī ezhilē ennammā

O ma Mère chérie, Déesse immortelle, Katyayani,
pour savourer Ta beauté, il me faudrait mille yeux !

Arul vaṭivam dharitta annaiyai kaṇṭenten
perum piravi eṭutta palanai aṭaintēnē
irul nīkki ulakālum arum perumtattuvattin
porul unarnta bhaktarkal pōtrippukazhttum annai

Ma vie s'est enfin avérée fructueuse : j'ai vu ma Mère, l'Incarnation de la compassion. Elle incarne la Réalité suprême qui gouverne le monde et dissipe les ténèbres.
Les dévots qui connaissent cette vérité chantent Ses louanges.

Tellattelivāka tenkōṭi vānatta
veḷḷachuṭaraṭiye pōṇmalar kānti kaṇṭēn
kallam kapaṭamillā piḷḷai mukham kaṇṭēn
ullam niṛainta anpin punnagai pūttukaṇṭēn

Ma Mère, vêtue de blanc immaculé, a embrasé le ciel d'une lumière dorée, éblouissante. Quand Tu as regardé le visage de cet enfant innocent, Mère, j'ai senti Ton cœur déborder d'amour maternel et j'ai vu un sourire affectueux s'épanouir sur Ton visage.

Abhirāmi valliyām amṛtānandamayi tan
tiruvavatāram seyta maṇ tēṭisentru kaṇṭēn
kaṭal alai pāṭiyāṭa kaṛumukhilōṭi mērkku
kaṭalōratennai kāttil tāṇḍhavan āṭakaṇṭēn

Je suis parti en quête de ce lieu sanctifié par la naissance de la Mère divine incarnée, Mata Amritanandamayi.

En ce lieu sacré, les vagues elles-mêmes dansent et chantent de joie ; les nuages sombres, venus de l'ouest, suivent joyeusement les caprices de la brise rafraîchissante qui souffle de l'océan.

KAṆAMUM MAṚAVĒN

Kaṇamum maṛavēn kaṇṇā- unnai
kaṇṇāṛa kāṇbatenṭrō
kaṇṇin oliyāy uyirin uyirāy
kalanta nirkkum kaṇṇā (2x)

O Krishna, je ne T'oublierai pas un seul instant.
Tu es la Vie de ma vie et la Lumière de mon regard.
Quand mes yeux seront-ils remplis de Ta vision, Krishna ?

Ettanai porulkaḷai tantāy
ettanai uravukaḷ aḷittāy
anaittum azhintakantrālum entrum
tuṇayāy iruppatu nīyē (2x)

Tu nous as accordé la prospérité matérielle, de nombreux parents et amis, Kanna. Mais tout cela est éphémère.
Toi seul est notre soutien inébranlable.

Aruḷin arumaiyai aṛiyāmal
poruḷin perumaiyai dinam nāṭi
pollā vinai kaḷil āzhāmal- unnil
kalantiṭa vazhi seyvāy kaṇṇā (2x)

Sans comprendre la grandeur de Ta grâce, nous avons perdu un temps précieux à courir après les richesses transitoires de ce monde.
O Kanna, daigneras-Tu nous montrer la voie qui permet de se fondre en Toi à jamais ?
Daigne nous conduire loin des conséquences de nos mauvaises actions.

KANIVU KINIYUMIRU

Kanivu kiniyumiru tēnaruvi
nin mizhi chalamizhi
nīlattāmaradalamizhi
kanivu kiniyumiru tēnaruvi

Tes yeux ont la forme des pétales du lotus bleu. Jamais ils ne sont au repos ; ce sont des fontaines de la plus tendre compassion.

Śilayil viriyunnorazhakalla nī
viralāl virachikkum kavitayalla
azhalinnulayil uruki teḷiyum
karaḷil nurayunno ranubhūti nī

Tu n'es pas la beauté que l'on contemple dans une œuvre humaine, qu'il s'agisse d'une sculpture ou d'un poème. Tu es l'expérience de la paix qui jaillit dans un cœur purifié par le feu de la souffrance.

Mahā manasvikal pōlum
mahā tapasvikal pōlum
ninnapadāna kathāmṛta lahariyil
nimagnarākunnū ullam ni śabda mākunnū

Même de grands saints ayant accompli d'intenses austérités
entrent en extase lorsqu'ils chantent Tes louanges.
Leur cœur devient absolument tranquille.

Sakala manassilumarivāyuṇarum
nikhila charāchara janani
śritajana hṛdaya sarōruha malaril
amṛtarasānandam janani nijaparamānandam

O Mère du monde, Tu T'éveilles dans le cœur
sous la forme de la Connaissance. Tu es le Nectar de béatitude
qui demeure dans le cœur de ceux qui ont pris
refuge en Toi. Mère, Tu es cette Béatitude suprême.

KAṆṆAN ENKĒ

Kaṇṇan enkē kaṇṇan enkē
kaṇkal tēṭutē
unnai kaṇṭa kaṇkal vēru
etaiyum verukkatē

Où est Kanna ? Mes yeux ont soif de Le voir. Les yeux qui ont vu Kanna se lassent de regarder quoi que ce soit d'autre.

Uṇṇattantāy uṭuka tantāy
unai marakkavā
ennaittantu iṇaiyaṭi kīzh
enṭrum irukkavā

O Seigneur, Tu m'as donné tous les plaisirs du monde. Etait-ce pour que je T'oublie ? Non, c'était pour m'aider à m'abandonner à Tes pieds.

Ponnai tandāy porulai tandāy
pukazhil mayakkavā
pūkal chintum un chirippil
ennai izhakkavā

O Seigneur, Tu m'as accordé la richesse et la prospérité. Etait-ce pour que j'oublie qui je suis ? Non, c'était pour m'aider à me rappeler Ton visage souriant. Ce souvenir me fait tout oublier.

Gangai tannil kalanda pinnāl
kalankam ērkkavā
gangai unnai ninaittu vāzhkai
kaṭamai ātravā

Celui qui s'est totalement immergé dans le Gange peut-il encore commettre des péchés ? Ainsi, puisque je suis arrivé jusqu'à Toi, Seigneur, je ne vais plus agir de façon erronée. Rends-moi pareil au Gange, qui accomplit son devoir sans rien attendre en échange.

Untan kaiyil ennai enṭrō
oppaṭaittiṭṭēn
enna tān vanda pōtum
tāyin poruppenṭrēn

Puisque je me suis abandonné à Toi, Seigneur,
Tu es responsable, Tu dois prendre soin de moi,
comme une mère prend soin de son enfant,
dans toutes les situations.

KAṆṆAN VRAJATHIL

Kaṇṇan vrajathil vaḷarnna kālam
kaṇṇu kaḷkkutsavam āyirunnu
uṇṇi kaḷkkūṇillurakkamilla
kaṇṇante kaṇṇāyavar vaḷarnnu

Dans l'enfance de Krishna, le Vraj était en fête perpétuelle.
Les petits pâtres, éperdus de joie, oubliaient souvent
de manger ou de dormir. Ils étaient les compagnons
chéris de Krishna, c'est ainsi qu'ils ont grandi.

Vātsalyamōṭe vrajāmganakaḷ
vāsaram pārttu pārttaṅgirunnu
pālveṇṇa kaṇṇan kavarnneṭukkān
pākattil vachaṅgoḷiññirunnu

Les femmes du Vraj guettaient la moindre chance d'apercevoir Krishna. Elles sortaient le beurre et le lait en espérant qu'Il viendrait les voler.
Puis elles se cachaient pour attendre Sa venue.

Ōrō manassinṭe pālkkuṭavum
kaṇṇanuṭachu kuṭichirunnu
ōṭakkuzhalocha kēṭṭiṭumbōl
orō manassum trasichirunnu

Leur cœur était comme un pot de lait. Krishna buvait le lait,
puis Il cassait le pot. Quand elles entendaient Sa flûte,
leur cœur bondissait de joie.

Kōmaḷattariḷam mēni kāṇkē
kōḷmayirkoṇṭu tarichirunnu
bālagōpālanṭe līla kāṇkē
kālam chalikkān marannirunnu

Elles entraient en extase en voyant son petit corps si beau,
Au point que les poils de leur corps se dressaient.
Le temps lui-même, fasciné par les espiègleries
de Krishna, oubliait d'avancer.

Raṇṭitaḷ tāmara cheṇṭupōle
nīṇṭiṭampeṭṭa mizhiyiṇakaḷ
kaṇṭālakatār niṛaññu kaṇṇil
uṇṭāmanant ānandā srudhāra

Ses beaux yeux allongés avaient la forme des pétales de lotus.
Lorsque j'ai vu ces yeux magnifiques dans mon cœur,
J'ai versé des larmes de joie.

Rakṣitāvennu chilarariññu
śikṣitāvennu chilarkku tōnni
atbhuta līlakaḷōrttu svantam
arbhakanmāre maṛannirunnu

Certains voyaient en Krishna leur sauveur, d'autres un justicier.
En se rappelant les exploits divins de Krishna,
ils oubliaient leurs propres enfants.

Akkālam kamsan uṛakkamilla
uḷbhayam māṛānu pāyamilla
mṛtyu sānniddhyam maṇattuchuttum
vidvēṣa bhaktyā vimukti nēṭi

Kamsa était souvent troublé dans son sommeil par une peur que rien ne pouvait apaiser. Il sentait la présence de la mort autour de lui. Sa crainte constante de Krishna l'amena à la Libération.

Gōkulam gōpālabālanillēl
jīvittuṭippatta dēhamāyi
mṛtyu virōdhiyām kaṇṇanuṇṇi
hṛttilēvarkkum amṛtamāyi

Une fois Krishna parti, Gokul perdit toute vie.
Pour ceux qui le connaissaient, Krishna,
antidote de la mort, était le nectar de l'immortalité.

Ambāṭippaitalen pūmanassil
pūttumbiyeppōl parannu vannu
nandanōdyāna sugandhamāyi
antarangattil pataññu ninnu

Krishna, l'Enfant d'Ambadi, a traversé mon cœur en volant
comme un papillon. Comme le merveilleux parfum
du jardin de Nanda, Il a rempli mon mental.

Uḷḷile paimbāl kaṭaññiṭumbōḷ
veṇṇapōl pontumī kaṇṇanuṇṇi
chintānabhassil niṛaññutingi
chentāmarākṣan teḷiññu minni

Krishna baratte le lait du mental et Il est le beurre
qui en émerge. L'Enfant aux yeux de lotus occupe
le ciel de mes pensées où Il brille, lumineux et clair.

KAṆṆINDALLADE

Kaṇṇindallade hṛdayada kaṇṇinda
kṛṣṇana nānindu kaṇṭē- enna
rādhā ramaṇanā kaṇṭē- enna
rādhā ramaṇanā kaṇṭē

Aujourd'hui j'ai vu mon Krishna adoré, le bien-aimé de Radha, non pas avec mes yeux de chair mais avec l'œil intérieur !

Sankalpa chōranā saundarya rūpanā
sangīta gāranā kaṇṭē – enna
sāyūjya nāthanā – enna
sāyūjya nāthanā kaṇṭē

J'ai vu Celui qui dérobe les cœurs, la Beauté incarnée, le divin Musicien. J'ai vu le Seigneur de l'état d'Unité.

Nīla kaṭal varṇṇanallavē kṛṣṇā
śiradali navilgari illavē
muraliya gānada nādadolu nā
kōmala rūpanā kaṇṭē

Avait-Il la couleur bleue de l'océan ? Ses cheveux bouclés étaient-ils ornés d'une plume de paon ? Je ne saurais le dire, mais grâce au son de sa flûte, j'ai perçu sa forme gracieuse.

KAṆṆINNU PINNILE

Kaṇṇinnu pinnile jyōtiyāy
kāṇāy lōkaṅgaḷ kākkumammē
ammē ammē jagadambikē
lalitāmbā lalitāmbā

Par la puissance de Ton regard qui étincelle de lumière, Tu gouvernes le monde. Mère, ma Mère chérie, Lalitamba.

Mahādēvanuṭe tiru māril chērum
mṛdula manōhara padayugaḷam
lasippatennō ennuṭeyuḷḷil
layippatennō nin chēvaṭiyil

Debout sur Tes petits pieds, Tu es dressée
sur la poitrine du Dieu suprême, Shiva.
Mon cœur brûle et languit du doux contact
de ces pieds bénis, O Lalitamba.

Samasta dēva ṛṣi muni gaṇaṅgaḷum
sakala charāchara sṛṣṭikaḷum nī
tannuṭe nṛttavilōla padaṅgaḷil
tāyē chērppū nūpura maṇiyāy

Les dieux puissants, les sages vénérables
et toute la création, animée ou inanimée,
Tu attaches tout cela à Tes bracelets de cheville
quand Tu danses en extase, Lalitamba.

Chañchalamasthiram āyikam ulakil
charaṇasarōjam atonnē śaraṇam
aṭiyanumammē nin padakamalam
lalitāmbā lalitāmbā

Tes pieds sacrés sont le seul support
de cet univers instable, en changement constant.
Je cherche refuge à ces pieds bénis, Lalitamba.

KAR LĒ MĀ KĀ

Kar lē mā kā nit sumiran
arppit karkē tū tan man
chōḍ dē jag kī tū lagan
mā kō basā lē apnē man

Gardez toujours la pensée de Mère. Offrez-Lui
votre corps et votre esprit. Abandonnez votre attachement
au monde et installez Mère dans votre cœur.

Mā mā mā japlē mā mā mā

Chantez « Ma, Ma, Ma. »

Jab tak hē mē aur mērā
man mē rahēga andhērā
kahnā mā sab hē tērā
hō jāyēgā ujiyārā

Tant qu'existe la notion du « moi » et du « mien », le cœur
est rempli de ténèbres. Dites : « O Mère, tout T'appartient ! »
et les ténèbres s'évanouissent. Le cœur est alors
rempli de la Lumière de la grâce.

Māyā nē jō ghērā man
chūṭ gayā mā kā bhajan
bīt rahā hē har ēk kṣan
vyartha na hō tērā jīvan

Le mental est plongé dans l'illusion au point que Tu as oublié
la béatitude que procure le nom de Mère. Les secondes passent
une à une, sans que tu le remarques.
Puisse ta vie ne pas s'écouler en vain.

Prēm sē bhaj lē mā kā nām
karnā dil sē tū praṇām
pāyēgā tū mā kā dhām
param śānti kā maṅgala dhām

Chante le nom de Mère avec amour et prosterne-toi
devant Elle du fond du Coeur. Tu atteindras alors
la demeure de Mère, le lieu propice où règne la Paix.

KARUṆĀMAYĪ DĒVĪ (KANNADA)

Karuṇāmayī dēvī kayi mugive
kāruṇyāmṛtava bēḍi kayi mugive
kālannu hiḍiyuva gatigeṭṭa kandage
kāruṇya nīḍu endu kayi mugivē ammā
kāruṇya nīḍu endu kayi mugivē

O Déesse pleine de compassion, nous Te saluons les mains jointes, nous Te saluons pour le nectar de Ta compassion. Nous nous prosternons à Tes pieds, pour que Ta compassion se répande sur nous.

Ajñānagattalalli sikkikoṇṭēvu nāvu
vijñāna dīpa tōru kayimugive
ānandarūpiṇi amṛtēśvari dēvī
kāruṇyāmṛtava bēḍi kayi mugive

Nous sommes perdus dans les ténèbres de l'ignorance.
Nous Te saluons les mains jointes, O Déesse de béatitude,
Amriteshwari, nous Te saluons pour le nectar de Ta compassion.

Karuṇāmayi prēmamayi
amṛtānandamayi kayimugive
kāruṇyāmṛtava bēḍi kayi mugive

O Mère pleine de compassion, Incarnation de l'Amour,
Mère de la Béatitude immortelle, nous prions
pour que Ta compassion se répande sur nous.

Kāmādigalā mālinya nīgendu
kāruṇyamūrtti nin aḍigaḷa namipe
prēma svarūpiṇi amṛtēśvari dēvī
kāruṇyāmṛtava bēḍi kayi mugive

Nous nous prosternons à Tes pieds sacrés, O Déesse Amriteshwari, Incarnation de l'amour et de la compassion, nous nous prosternons devant Toi pour être libérés de toutes les impuretés telles que la luxure et la colère. Nous Te saluons pour le nectar de Ta compassion.

Karuṇāmayi prēmamayi
amṛtānandamayi kayimugive
kāruṇyāmṛtava bēḍi kayimugive

O Mère pleine de compassion, Incarnation de l'Amour,
Mère de la Béatitude immortelle, nous prions
pour que Ta compassion se répande sur nous.

KARUṆĀMAYĪ DĒVĪ (TELUGU)

Karunāmayī dēvi ninne kolichēdā
karuṇyāmṛtan kōri ninne kolichēdā
karamule jōṭinchi unnāmu mēmu
kāruṇyāmṛtam kōri ninne kolichēdā – ammā

O Déesse pleine de compassion, nous Te saluons les mains jointes,
nous Te saluons pour le nectar de Ta compassion.
Nous prions pour que Ta compassion se répande sur nous.

Ajñāna kūpamlō munigina mālō
vijñāna velugē chūpincha rāvē
ānanda rūpiṇi hṛdayēśvarī dēvī
kāruṇyāmṛtam kōri ninne kolichēdā

Pour que s'évanouissent les ténèbres de l'ignorance
où nous sombrons, O Mère, daigne nous montrer la lumière
de la Connaissance. O Déesse de béatitude, Déesse de notre cœur,
nous Te saluons pour que Ta compassion se répande sur nous.

Karuṇāmayi prēmamayi
amṛtānandamayi ninne kolichēdā
kāruṇyamṛtam kōri ninne kolichēdā

O Mère pleine de compassion, Mère de la Béatitude immortelle, Incarnation de l'Amour, nous prions pour que Ta compassion se répande sur nous.

Kāmādulanē mālinyamulanu
kāruṇya mūrtti nī tolagin chavammā
snēha svarūpiṇi hṛdayēśvarī dēvī
kārunyamṛtam kōri ninne kolichēdā

Nous nous prosternons à Tes pieds sacrés, O Mère bienveillante, Incarnation de l'amour et de la compassion, nous nous prosternons devant Toi pour être libérés de toutes les impuretés telles que la luxure.
Déesse de notre cœur, nous Te saluons pour le nectar de Ta compassion

Karuṇāmayi prēmamayi
amṛtānandamayi ninne kolichēdā
kāruṇyamṛtam kōri ninne kolichēdā

O Mère pleine de compassion, Mère de la Béatitude immortelle,
Incarnation de l'Amour, nous prions
pour que Ta compassion se répande sur nous.

KĀYĀMBŪNĪLADYUTI

Kāyāmbūnīladyuti minimaññu
kāḷindi tīram iruṭṭilāzhnnu
kārvēṇi rādhayum tōzhimārum
kārkoṇṭamānampōl tēṅginінnu

La lumière bleutée du jour s'est évanouie, la rivière Kalindi est maintenant enveloppée par les ténèbres. La belle Radha et ses amies pleurent comme si le ciel était couvert de nuages noirs.

Kaṇṇante pūmēniyonntenyē
kāṇuvānāvātta kaṇṇukaḷum
kōṭakkārvarṇṇante nādamonnē
kēḷkkuvān nēdicha kātukaḷum

Ces yeux qui ne voyaient rien d'autre que la forme magnifique de Krishna, ces oreilles, créées pour entendre Sa belle voix…

Kṛṣṇante kinnāram cholluvānāy
kautukam pūṇṭorā nāvumonnāy
kāruṇyarūpane mātramōrttu
karmavum dharmavum viṭṭu māzhki

…et ces langues qui ne parlaient que de Ses tours espiègles et de Ses exploits, les voilà plongés dans l'abattement, ayant tout oublié en songeant à Krishna, si plein de compassion.

Gōpikal andharāy mūkarāyi
kēzhviyum keṭṭavarāyi māṛi
gōpikāṛāṇiyām rādhikaykkō
gōkulam tīcūzhum kānanamāy

Dans leur chagrin, les gopis sont devenues aveugles, sourdes et muettes. Pour Radha, la reine des gopis, leur village de pastoureaux ressemble maintenant à une forêt en feu.

Kuññāyi vannu piṛannatoṭṭē
kālanāy kaṇṭorā kamsanum nī
kanivārnnu kaivalyamēkiyillē
kāliyadarppavināśakanē

O Seigneur, Toi qui as anéanti l'orgueil du serpent Kaliya, n'as-Tu pas accordé la Libération à Kamsa, qui dès Ta naissance a vu en Toi le dieu de la mort ?

Kāḷindiyāttilinnōḷamillā
vṛndāvanattinō nāthanilla
kaṇṇanekkāttiṭum kālkṣaṇam pōlumē
manvantaraṅgaḷāy māṛiṭunnu

Il n'y a plus de vagues aujourd'hui dans la rivière Yamuna, Vrindavan n'a plus de maître. Une fraction de seconde passée dans l'attente de Krishna semble interminable !

Kaṇṇinnu kaṇṇāyoruṇṇikaṇṇā
kaṇmunnilettānamāntamentē
kaṇṇā nīyettuvān vaikiyennāl
kaṇṇāṇe nin padam pūkum prāṇan

Kanna chéri, Tu es la prunelle de mes yeux,
pourquoi tardes-Tu à venir ?
Si tu viens trop tard, cette âme quittera le corps
pour prendre refuge à Tes pieds sacrés.

Śrī kṛṣṇa gōvinda harē murārē
hē nātha nārāyaṇa vāsudēva

O Krishna, Maître des sens, Seigneur de l'univers.

KHUŚIYŌM KĪ BAHĀR

sarvē bhavantu sukhinaḥ
sarvē santu nirāmayaḥ
sarvē bhadrāṇi paśyantu
mā kaśchid duḥkha bhāgbhavēt

Puissent toutes les créatures être heureuses
et libres de souffrance. Puissions-nous
voir le bien en toute chose.

Khuśiyōm kī bahār chaltī rahē
jag mē śānti samāyē rahē
niṣkām nisvārth banē rahē – prabhū
tērī ōr hī baḍ tē rahē

Puisse le printemps de la joie éclore. Puisse la Paix régner dans le monde. O Seigneur, daigne nous libérer des désirs et faire s'épanouir en nous l'abnégation. Ainsi, nous progresserons régulièrement vers Toi.

Sukhī rahē sabhī jag mē
bhagavān dikhē sab kō sab mē
pyār kī jyōti jalē man mē
jiyē sabhī sadā milan mē

Puissent tous les êtres vivre dans le contentement. Puissent-ils voir en chacun l'étincelle divine et laisser la flamme de l'amour briller dans leur cœur. Puissions-nous vivre tous en harmonie.

Mil kē ham pūjē milkē
ham chāhē japē ham sadā

lōkāḥ samastāḥ sukhinō bhavantu – ōm
lōkāḥ samastāḥ sukhinō bhavantu

Prions ensemble, espérons ensemble. Chantons sans cesse le mantra divin, cette prière pour le bonheur du monde entire.

KṚPĀ HŌ TĒRI

Kṛpā hō tēri vighnavināśak
kṛpā hō praṇavākār
kṛpā hō dēva gajānanā tērī
kṛpā hō śambhukumār

Bénis-nous, O Seigneur Ganesh,
Toi qui détruis les obstacles,
Incarnation du son Om, Fils de Shiva.

Girijā nandana tērī pūjā
pehle karē sab kōyī
vighnavināśan vighnanōm kā tū
kar lē anta kṛpā hō

Parmi toutes les formes de Dieu,
c'est Toi que l'on honore en premier,
O Fils de Parvati. Bénis-nous en détruisant les obstacles.

karttē tērī pūjā
sab par tū karttā hē jaldi
kṛpā sē mangala varṣā

Les êtres humains, les dieux, les saints et les sages, tous Te vénèrent.
Tu les bénis tous, par Ta grâce, tout devient propice.

Vidyā budhi vighnaśānti sab
tērē karuṇa phal hē
ham par sadā hō tērī karuṇā
kṛpā hō tēri ham par

Lorsque Tu répands sur nous Ta compassion,
nous obtenons la bénédiction de la Connaissance,
les obstacles disparaissent. Puissent Ta compassion
et Ta bénédiction être toujours avec nous.

KṚPĀ KARŌ

har karma mērā hē prabhu
pūjā tērī ban jāyē
kadam baḍē jis rāh par
tujhē milan karāyē

Puisse chacune de mes actions devenir
un acte d'adoration (*puja*) pour Toi,
O Seigneur. Puisse le chemin que j'emprunte
me conduire à l'union avec Toi.

Kṛpā karō ham pē dātā
man yē aur na ḍōlē
mantra jape nitt tyāg kā- sadā
prēm ki bhāṣā bōlē

O Seigneur, accorde-moi Ta grâce, afin que mes pensées n'errent pas sans but. Puissé-je toujours psalmodier le mantra du renoncement. Puissé-je toujours parler le langage de l'amour.

Jab jīvan mē khuśiyā āyē
bhūl tujhē na jāyē
dukh āyē jab jīvan mē prabhu
na viśvās uṭṭ jāyē

Puissé-je ne pas T'oublier quand tous les bonheurs me sont accordés. Quand la souffrance arrive, puissé-je ne pas perdre foi en Toi.

Jag sē jab ham lēngē vidāyi
pās tujhē hi pāyē
hōṭṭō mē tērā nām rahē - man
tujh mē hī harṣāyē

Quand je serai sur le point de quitter cette terre,
puisses-Tu être à mes côtés. Que mes lèvres prononcent
Ton nom divin, que mes pensées se délectent de Toi seul.

KṚPALO KṚṢṆA

Kṛpalo kṛṣṇa kṛpalo kṛṣṇa
rādhā vallabha gōpi jana priya
hē madhusūdana kṛṣṇa (2x)

O Krishna plein de compassion, ami que chérissent
Radha et les gopis, Tu as anéanti le démon Madhu.

Karayunnu manas en kaṇṇanil cheruvān
madhurā dhipatiyē tēdi allanzhu ñān
dukha bāram dharichu kṛṣṇa nāmam japichu
kaṇṇane tēdi nadannu ñān ennum kṛṣṇanē
tēdi nadannu ñān

Mon cœur pleure, tant il a soif de s'unir à Toi.
Je T'ai cherché partout !
Chaque jour, le cœur lourd de chagrin,
j'ai appelé Ton nom, en quête de Toi.

Ni ariyunuvo en viraha dukham kaṇṇa
ī dukha jvalayil ñān niri pidayunnu
manassinu kulirayi bhaktanu tanalaye
darśaṇam kattukille kṛṣṇa (2x)

Connais-Tu l'intensité de ma douleur d'être séparé de Toi ?
J'ai le sentiment de brûler dans le feu. Pour apaiser mon cœur
et me réconforter comme l'ombre d'un arbre,
accorde-moi Ta vision, O Krishna !

Andhakāram varunnu ātma prakāṣam tarū
adyanta mūrte nin karunā nī arullu
akitikku gati nīyē adiyannu tuna nīyē
manasil anayukille kṛṣṇa
abhayam chiriyukille

Je suis entouré de ténèbres ; je T'en prie, fais que l'aube
se lève en moi, apportant la Lumière. O Seigneur suprême,
Tu es mon Sauveur et mon Soutien. Viens demeurer
en mon cœur, accorde-moi Ton refuge, O Krishna !

KṚṢṆĀ KANHAIYA

Kṛṣṇā kanhaiya goparipāla
vrajavana kunjavihari murāri
natavara natavara nandakumāra
hē muralidhāra hē giridhāri

O Krishna, Protecteur des vaches, Tu T'ébats dans les forêts du Vraj.
Tu as anéanti le démon Mura, O magnifique Danseur, Fils de Nanda.
Tu tiens une flûte ; Tu as soulevé la montagne Govardhana.

Mujhe darṣan dēdo kṛṣṇā kṛṣṇā
tērē ṣaran mē lēlō kṛṣṇā kṛṣṇā
is dil mē rehna kṛṣṇā kṛṣṇā

Je T'en prie, accorde-moi Ton darshan, O Krishna,
permets-moi de prendre refuge en Toi. Krishna,
daigne demeurer toujours dans mon cœur.

Sukh jāta hai dukh āta
dukh jāta hai sukh āta
par is jīvan mē dukh hi dukh sē
dūb raha he tērē bina

Le bonheur cède la place aux chagrins,
puis les chagrins font place au bonheur.
Mais sans Toi, je me noie dans la souffrance.

Rādhe rādhe tu hi jāne
hamre kānha badi natkat hai
dil ki pida tu hi jāne
is natkat ko tu samjhao

O Radha, Toi seule sais à quel point Krishna est espiègle !
Tu connais la peine que ressent notre cœur.
Je T'en prie, daigne le faire comprendre à Krishna.

KṚṢṆA KṚṢṆA JAYA RĀDHĀKṚṢṆA

Kṛṣṇa kṛṣṇa jaya rādhākṛṣṇa
kṛṣṇa kṛṣṇa jaya gōpī kṛṣṇa
kṛṣṇa kṛṣṇa muralī dhara bālā
kṛṣṇa kṛṣṇa manamōhana rūpa

Gloire à l'Enfant Krishna qui tient une flûte.
Il charme tous les cœurs.

Patmanābha vasudēva tanūjā
vṛṣṇi vamśatilakā vimalāmgā
bhaktavatsala bhayāpaha dēvā
rakṣitākhila jagatrayanāthā

Un lotus s'épanouit, partant de Ton nombril.
Joyau du clan des Vrishnis, Tu incarnes la pureté.
Tu es tendre envers les dévots, Tu annihiles la peur
et Tu protèges les trois mondes.

Mandahāsamukha manmatharamyā
sundarāmga sukha kandamukundā
kuñjavāsi munivandyavarēṇyā
śankarādinuta śōbhanarūpā

Un doux sourire pare Ton visage, Ton corps magnifique a le charme du dieu de l'amour (Manmatha). Source de bonheur pour tous, les sages Te révèrent, Tu accordes la Libération.

Rādhikā hṛdaya rājitamūrttē
rāsalōla rasikōttama śaurē
vēṇugānarasa līna murārē
vēda vēdya viditākhila viṣṇō

Parure du coeur de Radha, Tu savoures la danse des gopis. Descendant de Shurasena, la musique qui émane de Ta flûte Te plonge en extase. Toi qui as tué le démon Mura, Tu connais les Védas, O Toi l'Omnisicent.

MĀ AMṚTĒŚVARI

Mā amṛtēśvari maṅgala dāyini mā
jaya jagadhō dhāriṇi jaya jaga jananī mā
mā amṛtēśvari (3x) mā

Mère, Déesse immortelle qui nous accorde tout ce qui est propice, gloire à Toi, qui élèves la conscience du monde entier.

Bhakti dijō mā prēma dijō mā
darṣan dijō mā kṛpā karō mā
mā amṛtēśvari (3x) mā

Mère, daigne insuffler en notre cœur la dévotion et l'amour divin. Donne-nous Ton darshan, répands sur nous Ta grâce, O Mère, immortelle Déesse.

Prēma svarūpiṇi mā tripura sūndari mā
sarvalōka jananī mā jaya jaga jananī mā
mā amṛtēśvari (3x) mā

Incarnation de l'amour, belle Déesse, Mère de tous les mondes, gloire à la Mère universelle, à la Déesse immortelle !

MAHITA SNĒHA MAHĀRṆṆAVAM

Mahita snēha mahārṇṇavam - mahārṇṇavam
sukhadādhāra sudhārṇṇavam - amba
mahita snēha mahārṇṇavam

Mère, Tu es l'Océan de l'amour divin. Tu es l'Océan de nectar, le fondement du bonheur durable.

Sakala jīvana dhāra nī - pada
saphalatakku sahāyi nī
hṛdayakamala nivāsini - swara
madhurimaykkamṛtābdhi nī

Mère, Tu donnes vie à tous les êtres. Tu nous aides à atteindre le But de la vie humaine. Tu demeures dans le lotus du cœur. Tu es l'Océan du nectar de la musique.

Anu padānupadaṅgalāl mana
talirilezhutiya kavita nī
anubhavānta rasāmṛtam - hṛdi
atula saundarya lahari nī.

Tu es le poème écrit sur les tendres feuilles de notre coeur. Tu es la douceur éternelle à laquelle aboutit l'expérience spirituelle directe.
Mère, Tu es une rivière de beauté sans pareille.

MALAMUKALIL OḶIVITARUM

Malamukalil oḷivitarum kaliyuga daivam
akamalaril prabha choriyun - natulita satyam

Depuis le sommet de la montagne le Dieu du *kali yuga* répand Sa lumière . Dans la fleur du cœur, Il rayonne la Vérité incomparable.

Kanaleriyum manasinavan
amṛtasuvarṣam
tirunaṭayil tozhutuvarum
aṭiyanu harṣam

Pour le cœur brûlant de chagrin, Il est une pluie de nectar.
Celui qui se prosterne à Ses pieds de lotus exulte de joie.

Makaradīpam anavaratam
matiyiludikkān
kaniyuka nī viriyaṇamen
hṛdaya pankajam

Dans Ta compassion, daigne venir occuper
le lotus de mon cœur.
Alors les lumières divines de Sabarimala
illumineront à jamais mon intellect.

Manamuruki svamiye yenno -
nnu viḷichāl
anunimiṣam nalkumavan
asulabhaśānti

Si le coeur fond en appelant « Swamiye ! »,
alors s'installe la paix éternelle, si difficile à atteindre.

Śaraṇam ayyappā svāmi śaraṇam ayyappā
svāmi tintakattōm hari hara nandana tintakattōm

Je prends refuge en Ayyappa, Puisse-t-Il
m'accorder Sa protection et Sa grâce.

MANASSENNA MALARVAḶḶIKKULA

Manassenna malarvaḷḷikkula viriññu
samastavum mannasil ninnudicchuyarnnu
madhuvillā malarennatariññiṭāte
madhuvuṇṇāniraṅgiya madhu bhṛmgam ñān

Mon mental s'est épanoui en un bouquet de fleurs. Tout, en ce monde, a pour source le mental. Je suis une abeille ayant quitté la ruche pour butiner, mais dans ces fleurs, je n'ai pas trouvé de nectar.

Jagadamba varumennuṛacchirunnu - enne
ī janamellām mattanāṇennuṛacchu
japamenten aṛiyāte mūkanāy ā -
jananīyettanne ninacchirunnu

J'ai attendu longtemps, pensant que la Mère de l'univers allait m'apparaître. Le monde entier m'a cru fou. J'ignore comment chanter le nom divin ; je reste assis, silencieux, en songeant à la Mère divine.

Niravadhi nimiṣaṅgaḷ varṣaṅgaḷāy
nirupicha nidhiyettiṭāte kēṇu
nilatetti alayunna manassinnu nī
nirupamē teḷivēkīṭān varumō

Les minutes se sont transformées en années. Je pleure,
car je n'ai pas trouvé le trésor que je cherchais.
O Mère incomparable, viendras-Tu apporter un peu
de Ta lumière dans ce cœur qui erre, perdu ?

MĀNGU MĒ

Māngu mē tujhsē mā
tum hō varadāyini
kab hōñgē darśan tērē
tarsē nayanā mērē

O Mère, Toi qui accordes des faveurs, puis-je Te demander quand j'aurai Ton darshan ? Mes yeux ont soif de Te voir.

Kēhatē hē tumkō mā
sadya prasādini
mēri yē vinati kyō mā
kartti hō ansuni
Pānā hē tujhkō mā
kōyi ōr chāh nahi
mā ō mā pukārē jāyē yē tēri santān
svīkārō hṛdayānjali hē amṛtēśvari mā

Mère, n'est-ce pas Toi que les Ecritures glorifient, compatissante et toujours prête à répandre des faveurs ? Alors pourquoi n'entends-Tu pas la prière de cet enfant ? Je n'ai pas d'autre désir que de Te trouver, O Mère. Tes enfants T'appellent en pleurant, O Déesse immortelle, daigne nous accueillir.

Rahkar bhī itnē pās
mē tumsē dūr kahī
kaisīyē tērī līlā
dēkhā tujh kō nahī
Khēlō na ōr mujhsē
lēlō nij āchal mē
mā ō mā pukārē jāyē yē tēri santān
svīkārō hṛdayānjali hē amṛtēśvari mā

Bien que Tu sois si proche de nous, je suis loin de Toi.
Ton jeu divin est bien mystérieux, pour que je n'aie pas encore eu Ton darshan. Je T'en prie, cesse de jouer à cache cache avec moi.
Mère, prends-moi dans Tes bras. Tes enfants T'appellent en pleurant, O Déesse immortelle, daigne nous accueillir.

MAN RĒ

Man rē sīkh prabhu kā hōnā
nain mē ume dē gangā jal sē
prabhu charaṇan nit dhōnā
man rē sīkh

O mon esprit, apprends à te donner au Seigneur. Avec l'eau du Gange qui coule de tes yeux, lave constamment les pieds du Seigneur.

Jitenē viṣayō kō apenāyā
ēk bhī tērē kām na āyā
jis jis kō tu mītā samjhā
us us nē taḍ pāyā
sanchay kar kar umar ga vāyā
sīkh sabhī kuch khōnā
man rē sīkh

Parmi tous les objets que tu as désirés et obtenus,
pas un seul n'a gardé sa valeur à tes yeux.
Tous ceux que tu as aimés t'ont fait souffrir.
Tu as gâché ta vie à accumuler des biens matériels afin d'en jouir ;
apprends maintenant à tout perdre, O mon esprit.

Bōjh banī hai abhilāṣā yē
khīnch rahī dukh kī rēkhā yē
tū par vaś hō kar kyō rōyā
bāndhī svayam sīmā yē
mukti kahān jō tū nahīn rōkē
bīj karam kā bōnā
man rē sīkh

Les désirs sont devenus pour toi un fardeau ; ils engendrent le chagrin. Pourquoi pleurer maintenant que tu es en esclavage ? Tu as toi-même forgé tes chaînes. Tant que tu ne cesseras pas de semer les graines de problèmes à venir en agissant de façon égoïste, comment pourras-tu atteindre l'état ultime de la liberté, O mon esprit ?

Jagatī kā har kāraj us kā
har kāraj mē dhyān bhī us kā
khud hī banā yē khud hī miṭā yē
dēś kāl sab us kā
tan kā har kṣaṇ saral samādhī
kyā jag nā kyā sōnā
man rē sīkh

En ce monde, toutes les actions sont accomplies par le Seigneur. Lui seul crée et détruit ; le temps et l'espace Lui appartiennent. Celui qui possède ce savoir est conscient, à chaque seconde, de la Vérité. Dans cet état de conscience ultime, où est le sommeil ? Où est l'éveil, O mon esprit ?

MANVĀ RĒ TŪ

Manvā rē tū jāg jāg
nis din gayē bīt rē

O mon mental ! Eveille-toi ! Agis ! Les jours et les nuits passent.

Chār diśā mat bhaṭak rē
chēn na pāyē sansār mē
ānand sahaj pāyēgā rē
hari charaṇ kē prīt mē (2x)

Ne vagabonde pas dans toutes les directions,
O mon mental. Tu ne trouveras pas la paix en ce monde.
C'est uniquement aux pieds du Seigneur Hari
que tu trouveras le bonheur éternel.

Mīt na kōyī is jag mē
prīt na kōyī sansār mē
mīt tū sachā pāyēgā rē
hari charaṇ kē prīt mē (2x)

Tu n'as pas vraiment de famille en ce monde ;
tu ne peux considérer nul être au monde comme ton bien-aimé.
Tu ne trouveras le véritable Bien-aimé de ton âme qu'aux pieds de Hari.

Mūrat sē mandir sajē
jyōt sē andhiyārā ṭalē
man kā mēl dhul jāyē rē
hari charaṇ kē prīt mē (2x)

L'idole est la parure du temple. La Lumière
est nécessaire pour disperser les ténèbres.
Aux pieds bénis de Hari,
toutes les impuretés sont lavées.

MĀTṚ VĀTSALYAM NIRAÑÑU

Mātṛ vātsalyam niraññu tulumbunna
chēṇuta nin susmitānanattin
kāntikkatirente kāntāra chētassil
chintumānanda matulyam ammē

O Mère, dans la jungle de mon cœur, Ton sourire
resplendissant, débordant d'affection maternelle,
répand une joie sans pareille !

Prēma sārāmṛta mōlum mizhikaḷenn -
ātma hṛdantam tazhukinannāy
śōdhichuṇarttunna harnniśam samsāra
śāntukku pākamākkunnu mēnmēl

Tes yeux versent le nectar de l'Amour, ils caressent
mon cœur, l'éveillent, le rendent apte
à se libérer des souffrances du *samsara*.

Śōkavraṇitamām hṛttil puraṭṭunnu
snēhāmṛtauṣadham nī mahēṣī
kāruṇyamūrttiyennamma - tiruvaḷḷi
kāvil viḷaṅgum jagajananī

O Mère de l'univers, si compatissante, Tu résides à Vallickavu
Sur les blessures douloureuses de mon cœur,
Tu appliques le remède de l'Amour immortel.

Mōhāndhakārattil nērvazhiyōrāte
kāliṭaṛunnilam paitaṅgaḷil
bhāvipratīkṣatan neyttiriyālazha lātunna
lōkaika nāthē tozhām

Je Te salue, O Mère universelle, Toi qui allumes la lampe
de l'espoir pour Tes enfants. Nous trébuchons,
perdus dans les ténèbres épaisses de ce monde d'illusion.

MAYIL TŌGAI

Mayil tōgai virittādum malar mukhamō
manakōyil vīṭṭrirukkum tiru mukhamō
aṭiyavarai kākkum arul mukhamō
amṛtēśvari un divya mukham

Déesse immortelle, Ton visage divin a-t-il la beauté
de la queue du paon, quand il fait la roue ? Est-ce
ce visage qui réside dans le temple de mon cœur ?
Est-ce le visage gracieux qui protège les dévots du Seigneur ?

Naṭuvānil azhakūṭṭum viṭi velliyō
nalliravil oli chintum muzhu matiyō
pālai vana naṭuvil oru śōlai vanamō
pārvayāl nōy tīrkkum nal marundō
amṛtēśvari un divya mukham

O Déesse immortelle, est-ce Ton visage divin,
pareil à l'étoile du matin, qui embellit le ciel ?
Ou bien est-il la pleine lune qui brille à minuit ?
Est-il l'oasis au milieu du désert brûlant ?
Est-il le remède magique qui guérit tous les maux ?

Amudamena pāl surakkum tāy mukhamō
ariyāda kuzhantai pōl sēy mukhamō
guruvāgi bhōdikkum jñāna mukhamō
aruvāgum adhai uṇarttum mōna mukhamō
amṛtēśvari un divya mukham

Déesse immortelle, est-ce Ton visage divin qui nous rappelle
celui d'une mère aimante, répandant le nectar de l'affection
sur ses enfants ? Est-ce le visage d'un enfant innocent ?
Est-ce le visage d'un guru qui enseigne la Connaissance suprême ?
Peut-être est-ce ce visage qui nous mène à l'expérience
de la Vérité suprême, sans attribut.

MĒ KHADĪ

Mē khadī udī kā rāh
mērē ghar śyām āvēgā
jē śyām nā āyā kōyī pē gām āvēgā

J'attends Shyam dans l'espoir qu'il viendra chez moi.
S'Il ne vient pas, Il enverra sûrement un message.

Mē puchā ud dē pamchiyā nu
patā śyām dā
mē ud na sakā āp
khabrā kōn layā vēgā (2x)
jē śyām nā āyā kōyī pē gām āvēgā

J'interroge les oiseaux qui passent dans le ciel,
« Savez-vous où est Shyam ? »
Je ne peux pas voler, alors qui donc apportera
de mes nouvelles à Shyam ?
S'Il ne vient pas, Il enverra sûrement un message.

Mē baiṭhī rastā rōk menu
lōkī puch dē
kī lā layā ē rōg tērē
hatt kī āvēgā
jē śyām nā āyā kōyī pē gām āvēgā

Je reste assise là, désespérée, et les autres me demandent :
« Dans quel état t'es-tu mise ? Qu'espères-tu donc ? »
Si Shyam ne vient pas, Il enverra sûrement un message.

Mē jāgā sārī rāt menu
nīnd na āvē
kad hōvēgī parbhāt
śyām mērā bhērā pavegā (2x)
jē śyām nā āyā kōyī pēgām āvēgā

Incapable de trouver le sommeil, je reste éveillée.
Quand l'aube poindra-t-elle ? Quand Shyam viendra-t-Il ?
Si Shyam ne vient pas, Il enverra sûrement un message.

Hun ājā nandalāl mērā
dēkh hāl vē
tērī dāsī dī nayyā pār
kōn lagavēgā
jē śyām nā āyā kōyī pēgām āvēgā

O Nandalal, vois mon état pitoyable.
Qui prendra soin de Ta servante ?
Si Shyam ne vient pas,
Il enverra sûrement un message.

MĒRĒ VICH RĀM

Mērē vich rām tērē vich rām
sab vich rām samāyā
sabanū karlō prēm jagat vich
kōyī nahī parāyā jī kōyī nahī parāyā

Ram est en moi et Il est en vous ; Ram est en chacun.
Aimons tous les êtres en ce monde.
Personne n'est un étranger.

Khojyā jag sārā mēnnu
kadī rām nahī labyā
hōyī jadō ōdī kṛipā
rām hī rām milyā mēnnu
rām hī rām milyā

J'ai eu beau chercher sur toute la terre, je n'ai pas trouvé Ram.
Mais quand j'ai été béni par Sa grâce, je L'ai vu partout.

Sōndayā vēkhū jāgdayā vēkhū
rām hī rām disyā
sapnyā vich vī mēnnu pyārē
dars rām dā milyā mēnnu
dars rām dā milyā

Que je dorme ou que je veille, je vois Ram.
Chers amis, dans mes rêves, je vois Ram.
J'ai été béni de la vision de Ram.

Pahāḍā nadiyā bādal vich
rām hī rām vasyā
phullā vich chip chip kar mērē
rām nē mēnnu sadyā
mērē rām nē mēnnu sadyā

Ram est présent dans les montagnes, les rivières et les nuages.
Ram est dans les fleurs.
Il me fait signe, Il me fait signe.

MERISE KANNULA

Merise kannula śaktula to
jagamunu de tallivani
amma na baṅkaramma
lalitāmbā lalitāmbā

Par la puissance de Ton regard qui étincelle de lumière,
Tu gouvernes le monde. Mère, ma Mère chérie, Lalitamba.

Parameśwaru ni hṛdayamu pai nī
chinni pādamē petti nilchitivi
ā mṛdu pāda sparśa kōsame
ātura padane nā hṛdayamu

Debout sur Tes petits pieds, Tu es dressée
sur la poitrine du Dieu suprême, Shiva.
Mon cœur brûle et languit du doux contact
de ces pieds bénis, O Lalitamba.

Dēva dēvulu ṛṣī lantaru
sṛiṣṭi samastamu nī padamulakē
antelu ayī ānanda nṛtyamu
chēsitivē lalitāmbā

Les dieux puissants, les sages vénérables et toute la création, animée ou inanimée, Tu attaches tout cela à Tes bracelets de cheville quand Tu danses en extase, Lalitamba.

Chañchala asthira māyā jagamulō
nī charananulē ēkā dhāramu
nī pādamulanē śaranai nammiti
lalitāmbā lalitāmbā

Tes pieds sacrés sont le seul support
de cet univers instable, en changement constant.
Je cherche refuge à ces pieds bénis, Lalitamba.

MĒRĪ SUNLĒ ARAJ

Mērī sunlē araj mērī sunlē araj
mērī sunlē arajiyā pyārē śyām
āyē śyām pyārē śyām mērē śyām

O Shyam bien-aimé, écoute ma supplique

Jamunā taṭ par tū nā āyē
viraha kī agana mē jaltē jāyē
rādhā gōpī vraj jan sārē
ō kānhā mērē kānhā

Il y a si longtemps que Tu n'es pas venu sur les berges de la rivière Yamuna. Radha, les gopis et tous les habitants de Vrindavan se consument dans le feu de la séparation, O Krishna.

Rēn yē bītē chēn na āyē
nayana barsē badrā chāyē
ab tō āvō līlādhām rē
ō kānhā mērē kānhā

Les heures de la nuit s'égrènent, et pourtant
nous ne trouvons pas la paix. Nos yeux pleurent
des rivières et les nuages voilent le ciel. Il est temps
que Tu viennes enfin, O Seigneur dont tout est le jeu divin.

Chānd sitārē bhūpar āyē
brahmādika muni sab harśāyē
muralī bajānē ō
muralī bajānē kānhā āyē
rās rachānē kānhā āyē
kānhā āyē rē kānhā āyē

La lune et les étoiles sont descendues sur terre.
Brahma (le créateur) et tous les sages se réjouissent.
Krishna est venu jouer de la flûte et danser.

Rās rachānē kānhā āyē
dhūm machānē kānhā āyē
murali bajānē kānhā āyē
ranga jamānē kānhā āyē

Sri Krishna est venu danser et se réjouir avec nous.
Sri Krishna est venu jouer des mélodies divines sur sa flûte
et remplir le monde de couleur.

MINUGUVA KAṆṆINA

Minuguva kaṇṇina śaktiyali
jagavanu āluva tāyiyu nīnē
ammā nanna nalumeya ammā
lalitāmbā lalitāmbā

Par la puissance de Ton regard qui étincelle de lumière,
Tu gouvernes le monde. Mère, ma Mère chérie, Lalitamba.

Paramadēvana śivana edeyanu
puṭṭapādadali meṭṭi nintihe
ninnaya pādasparśanakāgi
āturavāgide nannī hṛdaya
lalitāmbā lalitāmbā

Debout sur Tes petits pieds, Tu es dressée
sur la poitrine du Dieu suprême, Shiva.
Mon cœur brûle et languit du doux contact
de ces pieds bénis, O Lalitamba.

Dēva dēvaru ṛṣi samastaru
sṛṣṭiya nānacharāchara elleva
ninnaya pādasaradali jōḍisi
naliyuve nīnu lalitāmbā
lalitāmbā lalitāmbā

Les dieux puissants, les sages vénérables
et toute la création, animée ou inanimée,
Tu attaches tout cela à Tes bracelets de cheville
quand Tu danses en extase, Lalitamba.

Chañchala asthira māyājagadi
ninna charaṇavē ēkādhāra
ninna pādake śaraṇu bandihe
lalitāmbā lalitāmbā

Tes pieds sacrés sont le seul support
de cet univers instable, en changement constant.
Je cherche refuge à ces pieds bénis, Lalitamba.

MŌRA MUKUṬA VĀLĒ

Mōra mukuṭa vālē kānhā chitt chōr
rūpa salōnā khīchē tērī ōr
kāhē kō satāyē rē kāhē kō rulāyē
chandā sā mukha ḍā yād dē jā yē

O Toi, l'Enfant qui porte une couronne de plumes de paon, Tu dérobes les cœurs. Ta beauté nous captive. Pourquoi nous taquiner, pourquoi nous faire pleurer ? Ton visage est pareil à l'astre lunaire ; nous ne pouvons pas l'oublier.

Gajrārē ānkhē vō khumg rālē bāl
vō chōṭṭī chōṭṭī bayyā vō matvālī chāl
jī lal chāyē vō karē burā hāl
yaśōmati mayyā vō nandā kā lāl

Deux traits de kohl parent Tes beaux yeux ;
Tes cheveux sont bouclés, Tes bras délicats et Ta démarche est dansante. Mon cœur désire tant être près de Toi, ce désir me fait souffrir. O Fils de Nanda, Yashoda est Ta mère.

Tērē liyē mākhana misrī dūdh dahi
hamsē hō rūṭhē kyā yē he sahī
aisē niṣṭhur ban baiṭhē aisē nirmmōhī
tērē bin yē jīvan mē artha hī nahī

Nous T'offrons du beurre, du sucre et du yaourt.
Es-Tu fâché contre nous ? Est-ce juste ?
Comment peux-Tu Te montrer aussi indifférent ?
Sans Toi, la vie n'a aucun sens.

MUDDU KṚṢṆĀ

Kṛṣṇā.. kṛṣṇā.. ammā hāduvaḷu
malagu - muddu kṛṣṇā

Mon Kanna chéri, Mère va Te chanter une berceuse pour T'endormir ; dors, je T'en prie !

Muddu kṛṣṇā nanna muddu kṛṣṇā
puṭṭa kṛṣṇā nanna tuṇta kṛṣṇā
puṭṭa puṭṭa nayanagaḷige nidde bandide nī
malagu kṛṣṇā bēga malagu kṛṣṇā

O mon enfant chéri et innocent, le sommeil embrume
Tes petits yeux, dors, Kanna !

Dinavella ōḍuta nī āḍide kṛṣṇā
īga puṭṭa pāda heḷide malagū kṛṣṇā
dinavella muraḷiyannu ūḍide kṛṣṇā
īga putta nayanagaḷige nidde bandide kṛṣṇā

Tout le jour, Tu as couru et joué, Krishna, mais maintenant
Tes petits pieds Te disent de dormir.
Tout le jour, Tu as caressé Ta flûte,
et Tes petites mains disent qu'il est temps de dormir.

Dinavella janara manava kadde kṛṣṇā
īga puṭṭa kangaḷēḷive malagū kṛṣṇā
jagavannu nagisi nagisi kuṇiside kṛṣṇā
īga puṭṭa tuṭigaḷeḷive malagū kṛṣṇā

Tout le jour Tu as captivé les cœurs; maintenant Tes petits yeux
innocents tombent de sommeil, Krishna ! Tout le jour
Tu nous as égayés de Ton rire, mais maintenant
Tes petites lèvres disent qu'il est temps de dormir.

Kārmōda villi sērive krṣṇā nōḍu
avugaḷū jō jō hāḍive krṣṇā
yamuneyā alegaḷu hāḍive krṣṇā
jaḷa jaḷa jaḷa alegaḷa lāli krṣṇā

Les nuages sombres se sont peu à peu rassemblés dans le ciel, Kanna !
Eux aussi Te chantent des berceuses. Les vagues de la Yamuna accompagnent le clapotis de la rivière, qui chante une douce berceuse.

Hūvanada sugandhavu sūside krṣṇā
ninna muttive krṣṇā nī malagu krṣṇā
vāyuraja uyyāle tūgiha krṣṇā
nī malagu krṣṇā bēga malagu krṣṇā

Les fleurs du jardin T'ont grisé, Kanna ! La brise du soir est venue Te bercer. Dors, je T'en prie !

Yasō ammana kandā nadagōpana bālā
jo jo hādide jagavella ninage
jo jo lāli jo jo, lāli lāli jo jo
jagannātha nī malagu begane

Enfant chéri de Yashoda et de Nanda, le monde entier Te chante une berceuse. O Protecteur du monde, daigneras-Tu dormir ?

MUKHI ASUDĒ

Mukhi asudē prabhuchē nām
rām rām jay rājā rām
prēm bhakti dēyi tē nām
rām rām jay rājā rām

Chante constamment le nom de Sri Rama.
En répétant ce nom divin, on obtient la dévotion suprême.

Prabhuchē jithē smaraṇa nāhi
dukhtyā manāchē jhāvē nāhi
rām nām japē vinārē
śānti kōṇi pāvē nāhi

Si nous oublions de répéter le nom de Dieu,
nous continuerons à souffrir. Nul ne peut obtenir
la paix intérieure sans chanter le nom du Seigneur Rama.

Sthāna prabhūlā dē mani
dhyān asūdē śrī charaṇi
tujhyā samgē antim kṣaṇi
prabhu vinārē nāhi kōṇi

Faisons dans notre coeur une place au Seigneur. Méditons sans cesse sur les pieds sacrés du Seigneur. Lorsque nous rendrons le dernier souffle, Lui seul nous accompagnera.

MUVVALU KATTI

Muvvalu katti ādi ādi ra ra
na chinnari kanna ra tvaraga ra ra
nī chinni pādam vetukutunnamu
nī divya nāmam pāḍutannāmu

Krishna aux yeux de lotus, mets tes bracelets de chevilles
et viens vite, viens en dansant. En quête de Tes tendres pieds,
nous sommes venus chanter Ton nom divin.

Dēvakī nandana rādhā jīvana
kēśavā hare mādhavā
pūtana marddana pāpa vināśana
kēśavā hare mādhavā
gōkula bālane ādi ra ra
gōpāla bālane pādi ra ra

O Fils de Dévaki, vie de Radha, Késhava, Hari, Madhava (noms de Krishna), Toi qui as tué Putana et qui détruis les péchés, Enfant de Gokul vite, viens vite, ô petit vacher, viens en dansant !

Kamsa vimarddana kāliya narttana
kēśavā hare mādhavā
āśrita vatsala āpat bāndhavā
kēśavā hare mādhavā
ōmkāra nādamē ādi ra ra
ānanda gītamē pādi ra ra

Toi qui tuas Kamsa, Toi qui dansas sur le serpent Kaliya, Késhava, Hari, Madhava, Toi qui es plein de compassion envers ceux qui prennent refuge en Toi, Protecteur de tous ceux en danger. O Incarnation du Om, viens vite, vite, O mélodie divine viens danser !

Pāṇdava rakṣaka pāpavināśana
kēśavā hare mādhavā
arjjuna rakṣaka ajñāna nāśakā
kēśavā hare mādhavā
gītāmṛtamē ādi ra ra
hṛdayānandamē pādi ra ra

O Protecteur des Pandavas, Destructeur des péchés,
Késhava, Hari, Madhava, Protecteur d'Arjuna,
Toi qui dissipes l'ignorance, Késhava, Hari, Madhava,
O Nectar de la Gita, viens vite, O Béatitude du cœur, viens danser !

NILAIYILLĀ ULAKIL

Nilaiyillā ulakil nimmati - tēṭi
nittamum nī alaindāy manitā
nimalanaṭi maṛandāy

O Homme, en ce monde impermanent, tu erres constamment en quête de la Paix. Hélas, tu as oublié les pieds de lotus du Seigneur !

Nāṭāṇṭa mannaṛenkē
nidhiyāṇṭa selvaṛenkē
ēṭāṇṭa pulavaṛenkē
ellōrum pōnatenkē

Où sont les puissants rois qui ont régné sur ce pays ?
Où sont-ils, ces souverains prospères à l'abondante richesse ?
Où sont les glorieux poètes, rois de la poésie ? Où sont-ils tous partis ?

Matravarai kurai kūṛi
matippatra kālattai
māykkinṭra ivāzhvilē
un kuraiyai arindu nī mati telintiṭṭē
manattūy mayai peru manitā

Au lieu de tuer le temps précieux dont tu disposes en critiquant les autres, emploie cette vie inestimable à prendre conscience de tes défauts, O Homme. Ainsi, l'esprit clair et aiguisé, trouve la vérité éternelle.

Eppōruḷum enatalla
en uṇmai arindiṭinum
eṇṇatra bandankal ēnō
utra tuṇai avananṭri avaniyil āruḷar
uṇarndu nī śaraṇ puku manitā

Nous avons beau savoir que rien ne nous appartient,
nous créons pourtant d'innombrables attachements.
O Homme, comprends qu'il n'existe pas d'autre support
en ce monde que le Seigneur et cherche refuge à Ses pieds sacrés.

NĪLĀMBUJA NAYANĒ (KANNADA)

Nīlāmbuja nayanē ammā
nī naṟiyē ī nōvina chittada aḷalugaḷa
yāvudō janmada lesagida karmmadi
ēkāmgiyāgi nā alediruvē

O Mère, Toi qui as des yeux de lotus bleus, pourquoi n'entends-Tu pas les sanglots de ce cœur, de ce cœur endolori ?
Sans doute à cause des actions que j'ai accomplies
dans une vie antérieure, j'erre dans la solitude.

Yuga yuga yuga dali janmisi nānī
yuga sandhi yali silukiṟuve
appuveyō muddu gareyuveyō
ninnaya maṭilali irisuveyō ammā

J'ai traversé les âges avant d'obtenir cette vie. Ne me prendras-Tu pas dans Tes bras comme une Mère pour me mettre sur Tes genoux ?

Yōgyanallaventu tāyiyu putranā
tyāgamāṭuvalē yōgadhātri
baruveyā nī baḷi kareyuveyā nī
nina kṛpe lavalēśa koṭuveyā nī ammā

Je ne le mérite peut-être pas, O Mère, mais est-ce une raison pour abandonner Ton fils ? Ne viendras-Tu pas à moi ?
Me prendras-Tu près de Toi, m'accordant Ta grâce ?

NĪLĀMBUJA NAYANĒ (TELUGU)

Nīlāmbuja nayanē ammā telisēnō lēdō
nā ī chitta śōkamulu
ēdō janmalō chēsina karmamē
ēkāntanai nē tirigēnu

O Mère, Toi qui as des yeux de lotus bleus, pourquoi n'entends-Tu pas les sanglots de ce cœur, de ce cœur endolori ?
Sans doute à cause des actions que j'ai accomplies
dans une vie antérieure, j'erre dans la solitude.

Yugāntarālalō tēli tēli ne
ī yuga sandhyalō chēritinē
seda tīrttuvō nannu pālintuvō
nī oḍilō nannē lālintuvō

J'ai traversé les âges avant d'obtenir cette vie. Accueilleras-Tu cette âme lasse pour la réconforter ? Daigneras-Tu me protéger ?
Me prendras-Tu dans Tes bras avec sollicitude ?

Yōgyata lēdani mātā ī putra ṇī
paritya jintuvō yōgadhātri
rāvēmī dari chēravēmī
nī kṛpā lēsam chūpavēmi ammā
nī kṛpā lēsam chūpavēmī

Je ne le mérite peut-être pas, O Mère, mais est-ce une raison pour abandonner Ton fils ? Ne viendras-Tu pas à moi ?
Me prendras-Tu près de Toi, m'accordant Ta grâce ?

NĪRĀJANAM

Nīrājanam nīrājanam
mā talli rūpunaku nīrājanam nīrājanam

J'offre l'*arati* (adoration avec la flamme du camphre)
à la forme de ma Mère.

Punnamī rātrilō chandrunila śōbhiñche
mā talli boṭṭunaku nīrājanam
chīkaṭilō dāri chūpi nayiñche
mā talli nattukaku nīrājanam

J'offre l'*arati* à notre Mère ; le point de pâte de santal
sur Son front évoque la pleine lune. J'offre l'*arati* à notre Mère ;
le chatoiement de Son anneau de nez éclaire notre chemin,
cerné par les ténèbres.

Manṭe manassunu challāṛa jēse
mā talli navunaku nīrājanam
tarim pajēsē divya prēmatō ninṭina
mā talli kaṇṇulaku nīrājanam

J'offre l'*arati* à notre Mère ; Son rire apporte
la fraîcheur à nos cœurs en feu. J'offre l'*arati*
à notre Mère dont le regard élève notre conscience
et nous remplit d'amour divin.

Ajñānapū andhakārāṇṇi tolagiñche
mā talli palukulaku nīrājanam
pasivāriga mammu pālinchi lāliñchi
mā talli karamulaku nīrājanam

J'offre l'*arati* à notre Mère dont les paroles
dissipent les ténèbres de notre ignorance.
J'offre l'*arati* à notre Mère dont les mains
nous caressent et nous consolent comme des enfants.

Parama padāniki paryāyamaina
mā talli padamulaku nīrājanam
alasi solasina ī jivikī nī
pādamula chentane choṭṭunivu

J'offre l'*arati* à notre Mère dont les pieds nous conduisent
au but ultime. Mère, cette âme est lasse,
daigne lui accorder refuge à Tes pieds.

NIŚAYUṬE NĪRAVA

Niśayuṭe nīrava nīlimayil
nirayum chārum nilāvoliyil
yamunānadiyuṭe tīrattil
yadunāyakanuṭe varavāyi...varavāyi

Dans le profond silence d'une nuit bleutée, illuminée par les rais argentés de la lune, Le Seigneur des Yadus, Krishna, est venu sur les berges de la rivière Yamuna.

Mazha mukilazhakezhum uṭalāṇṭōn
mayilin pīlikal aṇiyunnōn
mṛdu malayānilan ozhukumbōl
madhuram vitarān kanivāyi...kanivāyi

La brise suave et fraîche venue des montagnes soufflait légèrement. L'Enfant ravissant au teint de sombre, comme les nuages de pluie, l'Enfant qui porte dans les cheveux une plume de paon, est arrivé doucement pour répandre sur tous Sa tendresse, doucement, il est venu.

Muralikay adharam aṇaññallō
viralukal kuzhalil amarnnallō
mizhiyiṇa mṛdulam aṭaññallō
mōhana gānam utirnnallō...utirnnallō

Il a porté la flûte à Ses lèvres, Il a placé Ses doigts sur la flûte, les yeux mi-clos. Une mélodie envoûtante s'est élevée, elle s'est élevée.

Gōkulamākey ulaññallō
gōpikal mōhitarāyallō
toṭukuri pūkkal aṇiññuṭanē
yamunāpulinam aṇaññallō...aṇaññallō

Cette mélodie ensorcelante a plongé tout Gokul en extase.
Les gopis, éperdues d'amour pour le petit joueur de flûte,
se sont en toute hâte parées de fleurs et de vermillon,
puis elles ont couru vers les rives de la Yamuna.

Gōpīlāsyalayam paṭarum
muralīgāna taramgiṇiyil
jīvēṣvara milanāvasarē
rāsōtsava sudha cheyunnu…sudha cheyunnu

Emportées par les vagues de la mélodie de la flûte, les gopis
ont entamé leur danse éthérée. A cet instant, leur cœur
s'est fondu en Dieu, l'âme individuelle s'est unie pour l'éternité
au Soi suprême et elles ont dansé, en extase, la danse *rasa*.

Ō MĀ YĒ

Ō mā yē sach hē ki tu sadā sāth hamāra
magar mā afsos yē hē ki itnē karib hotē huyē bhi
kitnē dūr mehasūs karta hūm hum

Mère, en vérité, Tu es toujours avec moi. Pourtant, cette âme
est si ignorante que même quand je suis dans Tes bras,
je me sens encore à des années lumières de Toi.

Pal mē mā tū nē itna pyar dīyā jo
sāra jīvan ko savāre
phir bhi yē māṇ bhatakta
hē pyar basanē

En une seconde, Tu me donnes assez d'amour
pour me combler toute une vie. Et pourtant
cette âme erre encore, en quête d'amour.

Mā mujhē māf kārna kyonki bīnā
soche samjhē tujhsē mein
sadā māngtha rahā chudha dō mā mujhē
is jūthi kuṣi ki fisul khōj sē

Daigne me pardonner, O Mère, si je considère tout
ce que Tu me donnes comme allant de soi. Je T'en prie,
délivre-moi de ce désir insatiable pour les bonheurs illusoires.

Mā mērē rakṣa kārna aur mēra har
ṣubdha tēra gun gāye
mēra har dhadkhan tēra pyar sē bharē
mēra har sas sēva kīlaye jage

Ôte le voile de l'ignorance afin que les paroles que je prononce
soient Tes louanges, que les pensées qui m'habitent naissent
de mon amour pour Toi et que chacun de mes pas soit accompli
à Ton service.

Ō MĒRI PYĀRĪ MAYYĀ

Ō mēri pyārī mayyā
mērī pyāri mayyā mērī dēvī mayyā
ō mēri pyāri mayyā mērī dēvī mayyā

O ma Mère divine, ma mère chérie.

Tū mujh par kar karuṇā tērē
man mēm dayā hō maiyā
pyār se apnā lēnā
ō mērī dēvī mayyā
tēri karuṇā hī ēk sahārā
ō mērī pyārī mayyā

Montre-moi Ton amour et Ta compassion.
Ta miséricorde est mon seul soutien, Mère chérie.

Pyāri mayyā dēvī mayyā pyāri mayyā dēvī
mayyā pyāri mayyā...(2x)
ō mērī dēvī mayyā ō mērī pyārī mayyā

O ma Mère divine, ma Mère chérie.

Prēm se rakṣa karnā tū
mēre bandana sab dūr karnā
dukhī hē man mērā
ō mērī dēvī mayyā
mujhē śānti kā var dēnā
ō mērī pyārī mayyā

Mère si tendre, protège-moi. Délivre-moi
de mes chaînes. Je suis triste, bénis-moi,
accorde-moi la Paix.

Tērī gōd mē lēnā mā
mujhkō charaṇ mē āśray dēnā
mērā tū hī ēk sahārā
ō mērī dēvī mayyā
mujhē bhūl na jānā mā
ō mērī pyārī mayyā

Prends-moi dans Tes bras, Mère ; accorde-moi refuge à Tes pieds.
Tu es mon seul soutien, ne m'oublie jamais !

ŌMKĀRA PAÑJARA ŚUKĪM

Ōmkāra pañjara śukīm
upaniṣadōdyāna kēli kālakaṇṭhīm
āgama vipina mayūrīm āryām
antar vibhāvayēt gaurīm

Puisse-je méditer sur la Déesse Gauri,
le paon dans la forêt des Ecritures.

Elle est pareille à un oiseau qui s'ébat
dans la cage du son primordial « Om. »
Elle joue dans le jardin des Upanishads.

Īśvarī ninnē nammiti
lōkaika jananī jagadīśvari - amma

O Déesse, Mère de l'univers, j'ai pris refuge en Toi.

Sanmārggamulanē chupinchi nīvu
sāvitri vaitivammā
gamyamunakē chērchi nīvu
gāyatri vaitivammā

Tu es Savitri, qui nous montre les voies qui mènent
au bonheur. Tu es Gayatri, Celle qui nous mène au But.

Bhakta janmulanu kāppāṭutunna
bhavapatni vaitivammā
kāmmulanē hariñchi nīvu
ā kali vaitivammā

Sous la forme de Parvati, Tu accordes le salut à Tes dévots.
Sous la forme de Kali, Tu nous libères de tous les désirs.

Vidvān suni manasū nandu
śrī vidya vaitivammā
bhāgyamulanē onaguchunna
mā bhāgya lakṣmi vammā

Tu es la Connaissance ultime qui demeure dans le cœur des poètes.
O Bhagya Lakshmi, Tu nous accordes tout ce qui est propice.

ŌMKĀRA SVARARŪPIṆI

Ōmkāra svararūpiṇi uṇarū
nīyente hṛdayāntarālaṅgalil
mṛdu tantriyil orumantramāy
ātmāvin varavīṇayil uṇarū
ōmkāra svarūpiṇi

Eveille-Toi, Incarnation du « Om ». Tu es le mantra qui émane des douces cordes de la *vina* du Soi, dans les profondeurs de mon cœur ; éveille-Toi.

Āhlādaniravinte malarvāṭiyil
sāmōdamāṭum mayūripōle
ānandanarttanam āṭān ninakente
jīvitārāma moruṅgi nīle

Comme un jardin rempli de la joie d'un paon qui danse gaiment, ma vie est prête à accueillir Ta danse de pure béatitude.

Pāripparakkunna pūttumbipōl kāti
lāṭikalikkunna pūvallipōl
kākalipāṭunna pūñchālapōl pāṭi
yāṭittimarkku kennātmāvil nī

Comme une libellule qui s'élance dans le ciel, comme un pétale de fleur qui se balance au vent, comme un ruisseau au clapotis rythmé, Tu chantes et danses dans mon Soi.

ŌRŌ NIMIṢAVUM

Ōrō nimiṣavum eṇṇiyeṇṇi
nīṛunnitenuṭe janmam ammē
ālambahīnayī paitalingu
kēṇiṭunnammaye kāṇuvānāy

Je compte chaque instant, O Mère, je brûle dans le feu
de la séparation. Ce bébé n'a pas d'autre refuge ;
il pleure en appelant sa Mère.

Sachitānanda taranginịiye
māyā mahārṇṇava tāriṇiye
āśrita duḥkha nivāriṇiye
ammaye kāṇuvān kēṇīṭunnu

O Mère, Tu es l'Océan de l'Être-Conscience-Béatitude.
Tu nous fais traverser l'océan de la transmigration.
Tu dissipes les chagrins de ceux qui prennent refuge en Toi.
Je pleure pour obtenir Ta vision.

Etrayō sandhyakaḷ māññu pōyi
etrayō rātri dinaṅgaḷ pōyi
etrayō gāna sumaṅgal ammē
tṛppādam tēṭi piṭarnnu vīṇu

Combien de crépuscules se sont évanouis,
combien de jours et de nuits ont passé,
combien de chants ai-je offert à Tes pieds
comme des fleurs ?

Sachit sukhāmṛtavarṣiṇiyāy
sarva bhavāmaya hāriṇiyāy
sarva charāchara pālakiyāy
amma aṇayunnatētu nāḷil

O Mère, Tu répands sur nous la béatitude de la Conscience suprême,
Tu nous libères de la vanité et de l'orgueil illusoires, Tu protèges tous les êtres, animés ou inanimés. Quand daigneras-Tu m'apparaître ?

ŌṬI ŌṬI OLIVATENKE

Ōṭi ōṭi olivatenke tēṭi tēṭi nān kalaittēn
pāṭi pāṭi unai araittēn kaṇṇā kaṇṇā
nāṭi nīyum varuvatēntrō kaṇṇā kaṇṇā

Où es-Tu parti Te cacher en courant ? Je suis épuisée, tant je T'ai cherché.
Je T'appelle, je chante Ton nom, Kanna, O mon Kanna !
Quand daigneras-Tu apparaître, Kanna, O mon Kanna !

Gōpiyarum inke nirka rādhaiyum en arukil nirka
kaṇṇan maṭṭum pōnatenkē kaṇṇā kaṇṇā
ennai kaṇkalanka vaippatum muraiyā kaṇṇā

Toutes les gopis sont là et Radha elle-même est venue,
mais où es-Tu parti, O Kanna, O mon Kanna !
Est-il juste de nous plonger ainsi dans le chagrin,
Kanna, O mon Kanna !

Enku nī sentrālum ankellām unnai tēṭi
tanku taṭai illāmal kaṇṇā kaṇṇā – unnai
kaṇṭu kalittirukkum varam arulvāy kaṇṇā

O Kanna, accorde-moi la faveur de Te suivre partout où Tu iras,
afin de toujours goûter le bonheur de Te voir.

Uḷḷamenum peṭṭakattil urankiya rattinattai
ankuminkum tēṭi tēṭi kaḷaittēn kaṇṇā
ullattil māmaṇiyāy tikazhvāy kaṇṇā

Je suis las à force de chercher partout la merveille cachée
que recèle le coffret de mon cœur, O Kanna.
Sois le joyau de mon cœur, O mon Kanna !

PĀLANA PARĀYAṆĪ AMṚTĒŚVARI

Pālana parāyaṇī amṛtēśvari
pāvana pūjitē jagadīśvari

O Déesse immortelle, nul ne nous protège comme Toi.
Déesse de l'univers, les âmes pures Te vénèrent.

Śrītajana manō rañjani
śrīmannagara nāyikē
pañcha tanmātra sāyakē
namāmi śrī lalitāmbikē

Tous ceux qui prennent refuge en Toi se voient soulagés de leurs fardeaux.
Tu demeures dans la cité la plus propice (*le sri chakra*).
Les flèches que Tu brandis sont les cinq éléments subtils.
Je me prosterne devant Lalitambika.

Patita lōkō dhāriṇī
kali kanmaṣa nāśini
ābālagōpa vidhitē
namāmi śrī lalitāmbikē

Tu relèves les êtres déchus, Tu annihiles
les maux du *kali yuga*
Je me prosterne devant Lalitambika,
dont la renommée s'étend partout.

PAṆDHARĪTSĀ DĒVĀ TUJHĀ

Paṇdharītsā dēvā tujhā
ārati ōvāḷude
śyāmā tujhī kṛpā sadā
āmhāvarī rāhudē

O Seigneur de Pandharpur, nous accomplissons l'*arati* devant Toi.
O Shyama que Ta bénédiction soit toujours avec nous.

Hāth tūjhī kaṭēvarī
angāvarī pītambar
jīvamātsā charaṇī tujhyā
kṣaṇ bharī mātsā dēvā
ānandāt rāhudē
śyāmā tujhī krpā sadā
āmhāvarī rāhudē

Tu as les mains posées sur les hanches,
Ton vêtement jaune chatoie. Une seconde au moins,
fais que mon cœur repose à Tes pieds divins
et connaisse ainsi le bonheur.
Que Ta bénédiction soit toujours avec nous.

Rakhumāyītsā dēvā vasō
rūp tujhā lōchanī
śōkpīḍhā charaṇī tujhē
kṛpā sadā mājhā dēvā
āmhāvarī vāhudē
śyāmā tujhī kṛpā sadā
āmhāvaṛī rāhudē

Fais que mes yeux perçoivent partout Ta forme.
Sous Ta protection, à Tes pieds,
il est aisé d'affronter pertes et chagrins.
Que Ta bénédiction soit toujours avec nous.

Sukh thōda dukh bhāri duniyā
hī bhalī buri
kaṣṭātsudhā tujhē manan
satat mī mātsā dēvā
ānandānī karūdē

śyāmā tujhī kṛpā sadā
āmhāvarī rāhudē

En ce monde où coexistent le bien et le mal,
les joies sont rares tandis que les souffrances abondent.
Accorde-moi de supporter les difficultés de la vie avec joie,
en pensant à Toi. Que Ta bénédiction
soit toujours avec nous.

PĀṬIṬUVĀY MANAMĒ

Pāṭiṭuvāy manamē avan pukaḷ
nāṭiṭuvāy avan darśanamē

O mon mental chante Ses louanges,
sois en quête de Son darshan

Enkum nīyē etilum nīyē
eninum manatil nimmati enkē
tañcham un malarpādam en paṇintēnē
dayaipuri arulpuri anudinam nīyē

Tu es partout, Tu es en toute chose et cependant,
je ne trouve pas la paix. Je m'efforce de fixer
mes pensées sur Tes pieds bénis. Montre-Toi
miséricordieux et répands chaque jour Ta grâce sur moi.

Tiruvalar uruvāy chuṭarmigu oliyāy
paṇintiṭum ulamatil naṭamiṭa varuvāy
kanintiṭum mozhiyāy kavitayin poruḷāyi
ennil kalantiṭa ennai marantiṭa
karuṇai sey kaṇṇā

O Lumière splendide, Lumière divine, danse dans cet humble cœur. Tu es le doux langage, Tu es aussi la poésie. Fais que je me fonde en cette douceur, sois miséricordieux envers moi, O Kanna.

Ānandam paramānandam
kaṇṇanin tiruvuru darśanamē

Le darshan de Kanna est la béatitude ultime, suprême.

PRĒM JŌ DIYŌ

Prēm jō diyō ta bār jēn
tanjī yād me magna makhē kajēn
muñchā prabha hē dayā ra pā
muñchā bhagavān jay śrīrām

Seigneur, allume dans mon cœur la lampe de l'amour,
fais que seule Ta pensée m'habite. O Rama,
Incarnation de la Bonté, gloire à Toi.

Bhaṭake tho man ghaṇā dakh dē thō
tōsā parē kithe khaṇī vanēthō
kṛpā kajēn muñchā rām (2x)
man mandira me rah jēn ta

Mon mental vagabonde, il ne m'apporte que du chagrin.
Il m'entraîne loin de Toi. Montre-Toi compatissant
et répands Ta grâce dans le temple de mon cœur.

Nagānō achēthō dhan bhina ṭhaye thī
rām hi rām bas chavaṇ achē thō
kṛpā kajēn muñchā rām (2x)
tuñchē darśan jī ās ā rām

Je ne connais aucun chant (dévotionnel), je ne sais
même pas chanter. Je ne sais qu'une chose : T'appeler.
O Rama bien-aimé, répands sur moi Ta grâce,
accorde-moi Ton darshan.

Kṛpā kajēn muñchā rām (2x)
prēm jō diyō bār jēn aj

O Seigneur, O Ram, répands sur moi Ta grâce
et allume dans mon cœur la lampe de l'amour.

PŪVURAṄGA TĀYĒ

Pūvuraṅga tāyē pozhuthuraṅga
puviyil ullorgalum āzhndhuraṅga
nī uraṅga innum maruppathum yeno
nithilamē nī kannuraṅgu

Le monde dort, la journée s'est achevée
et toutes les créatures sont profondément endormies.
Pourquoi refuses-Tu encore de dormir ?
O Mère, je T'en prie, dors !

Vanuraṅga mannuraṅga
vanavarpolum naṅguraṅga
vanjayudan ñan talattu pada
vadham seyyamal kannuraṅgu

Le ciel et la terre dorment, les êtres célestes eux-mêmes dorment.
Je Te chante une berceuse en y mettant tout mon amour.
Je T'en prie, ferme docilement les yeux.

Pon muttu kattilitten pumalar thottilitten
anbudan vīsi arumbum vervai thudaitten
araro padivitten arul patham varudi vitten
kan valarvai kanne kan valarvai

J'ai installé un lit doré, décoré de fleurs. Avec amour, je T'ai éventée, je T'ai chanté une berceuse et j'ai caressé Tes pieds bénis. Daigne donc fermer les yeux, Mère chérie.

Kalaippiruthalum karuthamal adhanai
engulukkai nī uzhalvadhum yeno
poyyurakkam nī uraṅga un
malar pol vizhi adhanai
payyave nān mūda kannuraṅgu

Pourquoi travailles-Tu si dur pour nous, sans prendre en compte
Ta propre fatigue ? Tu fais seulement semblant de dormir,
je vais donc moi-même Te fermer les yeux. Je T'en prie, dors bien.

PYĀRĒ KĀNHĀ

kānhā kānhā
tujhkō lōrī sunāvū sunāvū yaśōdā mayyā

Mon Kanha chéri, maman Yashoda va Te chanter
une berceuse pour T'endormir !

Pyārē kānhā mērē pyārē kānhā
bhōḷē kānhā mērē pyārē kānhā
nannī nannī ānkhōn mē nindiyā ṛāṇī
kab āyē kānhā tū sōjā kānhā

O mon enfant chéri et innocent, le sommeil embrume
Tes petits yeux, dors, Kanha !

Dinbhar tō khēlan kō dōdē kānhā
ab nanhē paiyā bōlē tū sōjā kānhā
dinbhar bansī kō sehlāyē kānhā
ab nanhē ānkha bōlē ta sōjā kānhā

Tout le jour, Tu as couru et joué, mais maintenant Tes petits pieds
T'invitent à dormir. Tout le jour, Tu as caressé Ta flûte
et Tes petites mains indiquent qu'il est temps de dormir.

Dinbhar dilōn kō churāyē kānhā
ab nanhī ānkh bōlē tu sōjā kānhā
jagko has haskē behlāyē kānhā
ab nanhē honth bōlē ta sōjā kānhā

Tout le jour Tu as captivé les cœurs; maintenant Tes petits yeux innocents tombent de sommeil. Tout le jour Tu nous as égayés de Ton rire, mais maintenant Tes petites lèvres disent qu'il est temps de dormir.

Lōgōn kē prēm nit samāyē kānhā
tērā hṛdaya bhī ab bōlē tū sōjā kānhā

Tu as rempli le monde d'amour et maintenant, Ton cœur T'invite à dormir.

Kālī ghaṭā dhīrē sē chāyē kānhā
dēkhō vō bhī tō lōrī sunāyē kānhā
yamunā kī lahrē bhī gāyē kānhā
khal khal khal lahrōm kī lōrī kānhā

Les nuages sombres se sont peu à peu rassemblés dans le ciel, Kanha !
Eux aussi Te chantent des berceuses. Les vagues de la Yamuna accompagnent le clapotis de la rivière, qui chante une douce berceuse.

Bagiyan kē phū lōm kī mehk kānhā
tujhē bhāyē kānhā ta sōjā kānhā
pavanrāj jhula jhulāyē kānhā
tu sōjā kānā ab tō sōjā kānā

Les fleurs du jardin T'ont grisé, Kanha !
La brise du soir est venue Te bercer.

Yaśō mayyā kā lāl nandabābā kā bāl
gāyē lōrī rē yē jagsārā
lalā lalā lōrī kānhā tujhkō lōrī
sōjā sōjā kē tū hai jagpāl

Enfant chéri de Yashoda et de Nanda, le monde entier
Te chante une berceuse. O Protecteur du monde,
daigneras-Tu dormir ?

RĀDHAI ULLA IṬATTIL

Rādhai ulla iṭattil ellām kaṇṇan allavā un
rāsagītam tannil avaḷum mayankavillayā
gītaisonna mozhiyil ellām nīyum illayā kaṇṇā
gītai kūṟum poruḷanaittum nīyē allavā

N'est-il pas vrai que partout où se trouve Radha, Krishna est présent ?
O Kanna, Radha n'est-elle pas captivée par Ton chant d'amour ?
N'es-Tu pas en chaque mot de la Gita, O Kanna ?
N'es-Tu pas l'Essence que nous révèle la Gita ?

Gōpiyarkaḷ neñcham untan
mañchamallavā - kaṇṇā
gōpiyarum nīyum enṭrum onṭrē allavā
nallavayum allavayum nīyē allavā - kaṇṇā
nal manatil untan oḷi tankavillayā

N'as-Tu pas établi Ta demeure dans le cœur des gopis, O Kanna ?
Les gopis ne se sont-elles pas unies à Toi pour toujours ?
N'es-Tu pas présent dans le bien comme dans le mal, Kanna ?
N'est-ce pas Ta lumière qui brille dans un cœur bon ?

Aṭippatuvum aṇaippatuvum nīyē allavā - kaṇṇā
atan mūlam solluvatum vēdam allavā
manam unnai maṟaippatum māyai allavā kaṇṇā
manattirayai vilakkiviṭṭāl nīyē allavā - anku

C'est Toi qui distribues les fruits de nos actes.
Tu es l'Essence dont parlent les Védas. N'est-ce pas Ta *maya*
qui voile Ta présence ? Quand le voile du mental est ôté,
alors Tu es la Réalité perçue en chaque atome.

RĀMAKṚṢṆA GŌVINDA

Rāmakṛṣṇa gōvinda nārāyaṇa hari
kēśavā murārī kēśavā murārī
pāṇduranga murārī pāṇduranga

Rama, Krishna, Narayana, Keshava et Murari
(*noms de Krishna*), Seigneur Panduranga.

Lakṣmī nivāsa pāhē dīna bandhu
tujhā lāgo chandu sadā mājhē
murārī pāṇduranga

Demeure de Lakshmi, refuge des pauvres
et des malheureux, j'implore Ta miséricorde.
Je prie pour que mon cœur chante Ton nom divin.

Tukā maṇē mājhē hēnchigā mānkaṇē
akhaṇdha hī gāṇē nām tūjhē
murārī pāṇduranga

Tukaram dit : « Ma seule prière est de pouvoir
chanter sans cesse Ton nom divin. »

RĀM RĀM BŌLŌ JAY JAY

Rām rām bōlō jay jay
sitā rām bōlō

Gloire à Ram ! Chante les noms de Sita et de Ram.

Nām kō tērē nit gāyēmgē
rimjhim rimjhim barsē nayanā
daras binā ab tō nahī jīnā
(daras binā ab tō nahī jīnā)

Nous chanterons Ton nom chaque jour. Nos larmes coulent à profusion, nous ne voulons plus vivre sans avoir Ton darshan !

Dānavabaṇjana daśaratha nandana
dīnavatsalā rām
mahita mahēśvara chāpa dalankar
jānaki jīvana rām

Tu extermines les cruels démons, O Fils de Dasaratha, Tu protèges les malheureux. Tu es célèbre pour avoir brisé l'arc de Shiva, Tu es la vie de Janaki (Sita).

Rām ō jay jay rām...ō jay jay rām...
ō jay jay rām... (rām rām bōlō jay jay sitārām bōlō)

Gloire à Ram, chantez « gloire à Sita et à Ram. »

Pitā kē vāk kō pālnēvālē kausalyātmaja rām
rāvaṇa darp kō tōḍnēvālē ayōdhyāvāsī rām
kālātmaka paramēśvara rāmā
(jay jay jay rām)
bharadvāja mukha prārthita rām
(jay jay jay rām)
āyē ab tō dvārpē tērē
bhardē jhōlī har le andhērē (ab har lē andhērē)

Fils de Kausalya, Ram, Tu as tenu le serment prononcé par Ton père.
Ta demeure est Ayodhya. Dans la lutte contre Ravana,
Tu as détruit son ego. Tu transcendes le temps,
Tu es une Incarnation divine. Le sage Bharadvaj ne priait que Toi.
Nous voilà parvenus au seuil de Ta porte.
Daigne nous accorder des faveurs et disperser les ténèbres.

Dānavabaṇjana daśaratha nandana
dīnavatsalā rām
mahita mahēśvara chāpa dalankar
jānaki jīvana rām

Tu extermines les cruels démons, O Fils de Dasaratha,
Tu protèges les malheureux. Tu es célèbre pour avoir brisé l'arc de Shiva, Tu es la vie de Janaki (Sita).

Rām ō jay jay rām...ō jay jay rām...
ō jay jay rām...
(rām rām bōlō jay jay siyārām bōlō)

Gloire à Ram, chantez « gloire à Sita et à Ram. »

RŌTĒ JAG MĒ

Rōtē jag mē āyē thē
hastē jag sē jānā hē
kar kē yād sādā tujhē
parama pad kō pānā hē

Nous venons sur cette terre en pleurant mais nous devrions la quitter avec le sourire. Si nous pensons constamment à Toi,
O Seigneur, nous nous unirons à la Vérité.

Prēm kā ajñan lagā kē
dvēṣ bhāv miṭānā hē
dēkh tujhē sab kē dil mē
sabkā ādar karnā hē

En appliquant le baume de l'amour, Seigneur, je désire me libérer de toute haine. Permets-moi de traiter tous les êtres avec respect, percevant Ta présence en tous les cœurs.

Dukhōm kē ghērē mē bhī
mujhakō muskurānā hē
pās tērē ōr ānē kā
avasar inē banānā hē

Accorde-moi la force de sourire au milieu des difficultés. Je désire utiliser mes souffrances pour me rapprocher de Toi.

Sach nahī hē sāth kisī kā
man mē bōdh jagānā hē
samga rahōgē tum hī mērē
sumiran nit yē karnā hē

Je souhaite éveiller en moi la conscience que rien en ce monde n'est permanent. Je veux me souvenir que Toi seul est mon soutien, Toi seul sera éternellement avec moi.

SĀGARA DĀLAKE

Sāgara dālake dina kara nilida
agalida hagalige vyathayēke
viśvaśilpiyā līlayidellā
viṣāda vētake nalinagalē

Le soleil s'est couché sur l'océan de l'Ouest pendant que le jour entame sa complainte. Ce n'est rien d'autre que le jeu de l'Architecte universel. O fleurs de lotus qui vous fermez, pourquoi donc vous affliger ?

Akhilāṇḍarājana vinōdaramga
ī lōka śoka pūrṇṇa
sūtradagombe nānū alutihe
kambani miḍiyada śileyāgi

Ce monde plein de douleur et de peine est le drame de Dieu. J'en suis juste le spectateur. Je ne suis entre Ses mains qu'une simple marionnette, incapable de verser le moindre pleur.

Bēsara vēdane tālalāgade
hā entu rōdiside - enmana
nānā duḥkhada kaṭalina naṭuvē
tīrava kāṇade aledihenu

Mon mental comme une flamme brûle d'être séparé de Toi.
Incapable de trouver le rivage, je sombre :
dans cet océan de douleur, je sombre, je sombre.

SANDHYA MAYAṄGUKAYĀY

Sandhya mayaṅgukayāy eṅgō
pakalin puñchiri māyukayāy
āzhiyil muṅgi āreyō tēṭān
ā jyōti bimbam marayukayāy

Le soir s'estompe, les bonheurs du jour s'évanouissent.
Le soleil lumineux est en train de disparaître après s'être jeté dans l'océan, comme s'il cherchait quelqu'un.

Tīrattil irulinte niral kaṇṭu
orēkāntapaphikan tēṅgukayāy
virahattil vēdana sahiyāte bhūmiyum
mukham pottininnitā kēzhukayāy

Voyant les ténèbres qui envahissent le ravage, un voyageur solitaire sanglote. Ne pouvant supporter d'être séparée du soleil, la terre se voile la face et pleure.

Ī vanavīthiyil mānava kōṭikal
ēvarum ēkarennōrkunnatār
tīrāvyathakalāl tēṅgikarayunnu
dūrattatinnoli kēlppatuṇta

Le chemin qui traverse la forêt de *maya* est fréquenté
par d'innombrables créatures. Parmi elles, qui se souvient
que toutes ne font qu'Un ? Au loin, la peine causée
par des chagrins sans fin résonne comme un écho.

Lōkamē śōkamaya māṇennōtiya
pāvanāt mākalka nandi cholān
gad gadattāl vākuvyaktamallā mahā
mēdhāvlāsatte vāzhttuvānum

Les grands saints et les sages ont perçu ce monde comme un lieu où réside la souffrance. L'humanité leur doit la plus profonde gratitude. Les paroles, incapables de décrire la Puissance infinie qui anime cette création, font place au silence.
Il ne reste qu'un sentiment de respect sacré.

ŚARAVAṆA BHAVANE

Śaravaṇa bhavane vēl murukā
śiva śankara sutanē vēlazhakā
śaravaṇa bhava śiva śaktiyin maintā
kāttaruḷēṇam śrī skandā

O Sharavana Bhavane, O Muruka (Subramanya),
Enfant chéri de Shiva, armé d'un magnifique javelot,
Seigneur Skanda, que Ta grâce nous protège.

Bāla murukan lōka rakṣakan
kāmākṣiyuṭe makanāy nī
enkaḷ tāy makanē aruḷvāy guhanē
śaravaṇa bhava śiva śaktiyin maintā
kāttaruḷēṇam śrī skandā

O Enfant Muruka, Protecteur du monde,
Fils de notre Mère divine Kamakshi,
Seigneur Skanda, que Ta grâce nous protège.

Ninte narttanam kāvaṭiyāṭṭam
en manassinte ānandam
vēlā yudhanē mayil vāhananē
śaravaṇa bhava śiva śaktiyin maintā
kāttaruḷēṇam śrī skandā

En voyant Ta danse gracieuse, le *kavati attam*,
mon cœur baigne dans le ravissement. O Muruga,
viens, monté sur Ton paon. Fils de notre Mère divine,
Seigneur Skanda, que Ta grâce nous protège.

Śivanu guruvām ṣaṇmuhkhanē nī
nityam stutikkum ōmkāram
sachidānandanē śivanandananē
śaravaṇa bhava śiva śaktiyin maintā
kāttaruḷēṇam śrī skandā

O Shanmukha, Tu es le guru de Shiva Lui-même. Tu es
l'Omkara, le son éternel. Tu es la Vérité, la Conscience
et la Béatitude, Enfant chéri de Shiva. Fils de notre Mère divine,
Seigneur Skanda, que Ta grâce nous protège.

ŚATA KŌṬI VANDANAM

**Śata kōṭi vandanam hṛdayādi vandanam
aruḷ jñāna poruḷē nī varadānam choriyū
tvarayārnnu tirayunnu karaḷtēṅgi karayunnu
kanivōṭen hṛdayattil uṇarvāy varū**

Nous Te saluons des centaines de milliers de fois,
nous Te saluons du fond du Coeur, Essence de la sagesse éternelle !
Daigne nous accorder des faveurs. Partout, je Te cherche ;
découragé, je pleure. Dans Ta miséricorde, daigne venir dans mon cœur.

**Amṛtēśvari kāmya varadē varū varū
karaḷinte kiḷirnāvilamṛtam tarū
suragamgayāy svaramadhu māriyāy varū
varaḷunna mama jīvanudakam tarū**

Déesse immortelle, Toi qui exauces nos désirs, viens, viens !
Daigne répandre Ton nectar sur les tendres fleurs en bouton
de mon cœur. Viens, Gange céleste, viens, douce mélodie de la pluie, viens, viens ! Par Ta grâce, apporte de l'eau dans le désert de ma vie.

**Śaraṇāgatarkamma karuṇāmayi neñchil
uṛayunnoranubhūti rasamādhuri
oru gāna śalabham pōl mama mānasam sadā
tirayunnu tava snēhasumarājikaḷ**

Tu es pleine de compassion envers ceux qui prennent refuge
en Toi. Mon cœur est rempli d'un doux bonheur.
Comme la mélodie d'un papillon, mon mental cherche
constamment le bouquet des fleurs de Ton amour.

**Oru kāḷasarppam variññu kotti – karaḷu
kaṭayunna nombaramirul paratti**

azhalamarn ātmāvil amṛtam taḷichamma
aruḷīṭū arulinte aruṇōdayam

Un serpent venimeux qui se love et mord, telle est la douleur qui a envahit mon cœur. Je suis entouré de ténèbres. Daigne répandre le nectar dans mon cœur et faire ainsi disparaître ce chagrin. Que la sagesse se lève en moi, comme le soleil à l'aube !

SNĒHA DŪTIYĀY

Snēha dūtiyāy tāṇiraṅgivan
āturākula bhūmiyil
āke lōkattin ammayāyi nī
āzhi chūzhumīyūzhiyil

Messagère de l'Amour, Tu es descendue sur cette terre
où règnent la souffrance et la maladie. Mère de l'univers,
Tu demeures sur cette côte que l'océan envahit peu à peu.

Kāmya karmmaṅgal ācharī cheṅgaḷ
āzhnnu pōyāmayaṅgaḷil
pāpa hāriṇi nī hanikkaṇē
éòkajìvita àtana

Nous avons agis mus par les désirs, et cela nous a conduits dans un abîme de souffrance. Toi qui annihile les péchés, daigne aplanir les difficultés que nous rencontrons dans cette vie douloureuse.

Jīvitōnnata bhāgadhēyamām
jñāna kaivalya dhāmamē
teṅgum en manō dāhabhūmiyil
prēmam āriyāy peyyaṇē

Tu es l'état de sagesse et de libération, le But ultime de l'existence. Daigne verser l'Amour dans mon cœur assoiffé qui se languit de Toi.

**Prēmabhaktiyum mōhamuktiyum
ēki nī dayāvāridhē
bhāva śudhamen lōlahṛttaṭam
jñānadīptamākkīṭaṇē**

O Incarnation de la miséricorde, accorde-moi, la dévotion, l'amour, et libère-moi de l'illusion. Pures sont les intentions de mon cœur, daigne y répandre la lumière de la Connaissance.

ŚRĪ RĀGHAVAM

**śrī rāghavam daśarathātmajam aprameyam
sītāpatim raghukulānvaya ratnadīpam
ājānubāhum aravindadalāyatākṣam
rāmam niśācharavināśakaram – namāmi**

O Descendant de Raghu, Fils de Dasaratha, Tu es établi dans l'état qui transcende les sens. O Époux de Sita, lampe sertie de joyaux de la dynastie des Raghus, Tes bras sont longs, Tes yeux ont la forme des pétales du lotus. O Rama, Tu dissipes les ténèbres de ceux qui errent, égarés dans l'ignorance. O Rama, je me prosterne devant Toi.

**Raghupatē rāghavā rājā rāmā
Ō raja rāmā patita pāvana sītāpatē rāmā**

O Fils de Rama, Chef de la dynastie des Raghus,
Tu purifies ceux qui ont chuté. Tu es l'Epoux de Sita.

**Daśaratha nandana rājā rāmā
kausalyātmaja sundara rāmā
rāmā rāmā jaya rājā rāmā
rāghava mōhana mēghaśyāmā**

O roi Rama, Fils de Dasaratha, splendide Rama,
Fils de la reine Kausalya, gloire à Toi, O Raghava,
Tu as un teint magnifique, couleur des nuages de pluie.

Jay jay rām jay jay rām
patita pāvana sītāpatē rāmā

Gloire à Rama, l'Époux de Sita, Celui qui purifie les êtres déchus.

ŚRĪ RĀMACHANDRA KṚPĀLU

Śrī rāmachandra kṛpālu bhajamana
haraṇa bhava bhaya dāruṇam
nava kañjalōchana kañjamukha kara
kañja pada kañjāruṇam

O mon mental, médite constamment sur le Seigneur Sri Ramachandra,
plein de compassion. Il anéantit la peur du cycle des naissances et des morts. O mon coeur, adore la beauté de Ses yeux pareils aux pétales roses d'un lotus fraîchement épanoui. Adore Son visage de lotus et les fleurs de lotus rouge délicates de Ses mains et de Ses pieds.

Kandarpa agaṇita amitachavi
navanīla nīrada sundaram
paṭapītamānahu tadhita ruchi śuchi
naumi janakasutāvaram

Salutations sincères au magnifique Seigneur Ramachandra dont la beauté surpasse celle d'innombrables dieux de l'amour.
Son teint a la couleur des sombres nuages de pluie. Salutations sincères au Seigneur vêtu de pure soie jaune, lumineux comme l'éclair. Salutations à l'Époux de Sita, fille du roi Janaka.

Bhaja dīnabanḍu dinēśadānava
daitya vamśa nikandanam
raghu nanda ānanda kanda kōśala
chandu daśaratha nandanam

O mon mental, médite sur la gloire du Seigneur Rama, le véritable Ami de ceux qui souffrent.
Grâce à Ses exploits, il a tué les cruels démons.
Mon Seigneur est le Fils du roi Dasaratha, la Source de joie et d'orgueil de la dynastie des Raghus, le Descendant des Koshalas.

Śiramukuṭakuṇḍala tilakachāru
udāra amgavibhūṣaṇam
ājānubhuja śarachā padhara
samgrāma jitakhara bhūṣaṇam

O mon mental, médite sur le Seigneur Rama, paré de la couronne royale, portant de jolies boucles d'oreilles, une marque propice sur le front et d'élégants bijoux. Contemple sans cesse sa forme majestueuse, tenant l'arc victorieux et les flèches qui Lui ont permis d'anéantir les démons tels que Khara et Dushana.

Iti vadatitulasīdāsa śankara
śēṣa muni mana rañjanam
mama hṛdaya kuñja nivāsakuru
kāmādi khala dala gañjanam

Tulsidas célèbre ainsi la gloire de Sri Ramachandra,
Joie suprême de Shiva et de tous les sages. Tulsidas prie
son Seigneur bien-aimé de demeurer toujours dans le cœur
de Son dévot, afin d'éradiquer tous les désirs
ayant trait au monde et les autres faiblesses.

SŪNĪ Ā DUNIYĀ (GUJARATI)

Sūnī ā duniyā sūnū ā jīvan
chōṭī gayā tame jēdī vṛndāvan
ēvī jalē virahānī agan
ujaṭi gayū mārū mananu madhuban

O Krishna, depuis que Tu as quitté Vrindavan,
la ville est devenue un désert et mon cœur aussi.
Le feu de la séparation a réduit en cendres
le jardin de mon cœur.

Chōṭyō jagattē sāth mārō
jēdī thāmyō mē hāth tārō
na jōyū pāchū pharīnē kēmē
na dhāryū chūṭṭ śe sāth taro

Lorsque j'ai pris refuge en Toi, le monde m'a abandonné
mais je ne m'en suis pas soucié. J'avais Ton soutien que je croyais
éternel. Mais maintenant, Toi aussi Tu es parti en me délaissant.

Bhūlī ne tanē bhūlī nā śakū
hayyā nē mārā kēmē samatsāvū
nām tārū hū lai na śakū
raṭī raṭī hū rahī jā ū

Je fais de mon mieux pour T'oublier, mais je n'y parviens pas.
Comment consolerai-je mon cœur affligé ? Je suis incapable
de seulement prononcer Ton nom : lorsque j'essaye,
je me retrouve aussitôt baigné de larmes.

SŪNI HE

Sūni he galiyā sūnā he jīvan
jab sē gayē tum tyaj vṛndāvan
aisē jalē birhā kī agan
ujad gayā mērā man kā madhuban

O Krishna, depuis que Tu as quitté Vrindavan,
la ville est devenue un désert et mon cœur aussi.
Le feu de la séparation a réduit en cendres
le jardin de mon cœur.

Chōṭā jag nē sāth mērā jab
thāmā mē nē hath tērā
na dēkhā pīchē muṭkē kabhī
na ṭūṭē sōchā thā sāth tērā

Lorsque j'ai pris refuge en Toi, le monde m'a abandonné
mais je ne m'en suis pas soucié. J'avais Ton soutien
que je croyais éternel. Mais maintenant,
Toi aussi Tu es parti en me délaissant.

Bhūl kē bhī tuchē bhūl na pāvū
dil kō mē kaisē samjhāvū
nām tērā bhī lē na pāvū
rōtē rōtē me rah jāvū

Je fais de mon mieux pour T'oublier, mais je n'y parviens pas.
Comment consolerai-je mon cœur affligé ? Je suis incapable
de seulement prononcer Ton nom : lorsque j'essaye,
je me retrouve aussitôt baigné de larmes.

SUN MĒRĪ

Sun mērī maiyā māt bhavāni
jag jananī mahārāṇi
vinati sunō kalyāṇī

O Mère de l'univers, daigne entendre ma prière !

Bīt gayē ēsē janma yē kitnē
rahā tērī khōj mē sadā
ōr na rakhnā dūr mā mujhkō
ab tō galē sē lagālō mā
mamtā mē nahalāvō

Combien de vies ai-je vécues en vain ! En ira-t-il de même de celle-ci, Mère ? Sans répit, je Te cherche. Je T'en prie, ne reste pas plus longtemps loin de moi. Serre-moi contre Toi pour que je baigne dans Ton amour !

Kehlānē kō tērī santān
guṇ mā kōyi mujhmē nahī
bēṭā chāhē hō jēsā bhī
mā mē he karuṇā hī
kartī he vō kṣmā hī

Bien que je sois Ton enfant, Mère, je ne possède aucune de Tes vertus. Mais qu'importent les défauts de l'enfant ? Mère est l'Incarnation de la compassion, Elle nous pardonne et nous accorde Sa grâce.

Ājāvō mātē darśan dō

Viens, Mère, daigne nous accorder Ton darshan !

ŚVĒTA PATMĀSANĒ ŚĀŚVATĒ

Śvēta patmāsanē śāśvatē ślāganīyē
śvēta patmāsanē

O Dévi, assise au cœur d'un lotus blanc,
Déesse immortelle, digne de nos louanges.

Sajjana hṛdsthitē vandanīyē
nirjjara sēvitē vijña nīyē
jananī dukhada bhava vāridi
kayarān vazhiyaruluka dēvi

O Dévi, Tu résides dans le cœur des êtres vertueux.
Fontaine de sagesse, les êtres célestes sont Tes serviteurs.
O Mère, daigne nous montrer comment transcender le cycle des naissances et des morts, cause de souffrances sans fin.

Chittamām vairiye mattanākum
sattē marakkunna taskkaranmar
mada matsara krōdhāgraha
rāgādikala kaluka vēṇam

O Mère, le désir, la colère, l'orgueil et la jalousie
sont des voleurs qui cachent Ton essence.
Je T'en prie, chasse-les de mon cœur.

Praṇavākṣarī jagal prāṇa mūrttē
praṇamicchiṭunnū dāsō ham
aruṇābhayil amarum oli –
tiralum tava darśanam aṇayān

O Dévi, Essence de la syllable sacrée Om, Tu es la Vie de cet univers.
Ce serviteur se prosterne devant Toi afin d'obtenir la vision
de Ta forme splendide et rayonnante, au teint écarlate.

ŚYĀM VARṆĀ

Rādhē śyām rādhē śyām
rādhē śyām rādhē śyām
rādhē śyām rādhē śyām bōl
rādhē śyām rādhē śyām bōl

Chantez Radhe Shyam.

Śyām varṇā sundarāngā
rādhikā samēdhā
vāsudēvā vēṇu lōlā
rāsa kēli lōla

Ton teint est d'une jolie couleur bleutée, O Compagnon de Radha, Fils de Vasudeva, Tu joues sur Ta flûte des airs mélodieux et Tu danses la *rasa*.

Yāda vēndrā nandalālā
kāma kōṭi ramyā
mañju hāsā māna sēśā
mādhavā murārē

Seigneur des Yadavas, Fils de Nanda, bel Enfant
au sourire enchanteur, Tu règnes dans nos cœurs.
Tu es Vishnu, l'Époux de Lakshmi,
Tu as triomphé du démon Mura.

Padma nābhā pītachēlā
pāhimām ramēśā
gōkulēśā gōpabālā
gōpa vṛndanāthā

Le lotus sort de Ton nombril ; Tu es vêtu de jaune.
Daigne me protéger, Époux de Lakshmi.
Seigneur de Gokul, petit pâtre,
Tu es le Seigneur des *gopas* (vachers).

Viśva rūpā vēda vēdyā
tvat padābjam vandē
dēva dēvā dīna nāthā
dēhimangalam mē

L'univers est contenu dans Ta forme,
Ton savoir est aussi vaste que les Védas.
Salutations à Tes pieds de lotus.
O Seigneur des malheureux,
accorde-moi ce qui est propice.

TAN MAN DHAN NŪ

Tan man dhan nū karā mē arppaṇ
mā dē charaṇa vich arppit ē jīvan

Je dépose à Tes pieds sacrés mon corps, mes pensées,
mes richesses, ma vie toute entière, O Mère.

Tvāḍī bhakti dā mērē kōle dhan
tvāḍī sēvā dē layī mā ē tan
tvāḍē nā vich ḍubē chañchal ē man
mā dē charaṇā vich arppit ē jīvan

Ma seule richesse est ma dévotion envers Toi.
Le seul usage de ce corps est de Te servir.
Puisse mon mental, toujours agité, baigner
dans le doux nectar de Ton nom.
Ma vie est une offrande à Tes pieds sacrés, O Mère.

Charon diṣa to ghere hege duṣman
ahankar māya vich fāṣya man
omkar da mā dē dē hun darṣan
mā dē charaṇā vich arppit ē jīvaṇ

Je suis cerné par des ennemis. L'orgueil et l'illusion
se sont emparés de mon mental. O Mère,
daigne m'accorder la vision de Dieu.
Ma vie est une offrande à Tes pieds sacrés, O Mère.

Hun sirf hegī tvāḍī karuṇā dī lagan
jadō tvāḍē nā dā karā mē manan
tadō ṭhaṇḍī hōgī dil dī ē agn
mā dē charaṇā vich arppit ē jīvan

Je ne désire rien d'autre que Ta grâce. La paix ne règnera
dans mon cœur que quand je chanterai Ton nom sacré.
Ma vie est une offrande à Tes pieds sacrés, O Mère.

TARŪ NĀM (GUJARATI)

Hē rām hē rām
andhārā jagmā dē ujās
āk tārū nām rē mārē man
sāchū dhan tārū nām rē

O Ram, daigne faire briller Ta lumière
en ce monde de ténèbres. Ton nom est en vérité
un trésor. Il résonne constamment en moi.

Tarū nām tārū nām tāru nām rē
mārē man sāchu dhan tārū nām rē
mārē man ēkādhār mārē man ēkādhār
tāru nām tāru nām tāru nām rē

Pour mon mental, le seul trésor authentique,
le seul soutien réel, c'est Ton nom.

Bigḍē banāvē kām tārū nām rē
bhavpār karē nāv tārū nām rē
mārē man vālu nām tārū nām rē
mārē man sāchū dhan tārū nām

Ton nom est la corde qui nous permet de sortir du puits
de la souffrance. Il fera traverser l'océan du monde
à cette petite barque pour l'amener sur la rive de l'éternité.
Je chéris Ton nom, le seul trésor authentique.

Duḥkha dūr karē nām tāru nām rē
duḥkhi yō no ādhār ēk tārū nām rē
nām tārū prāṇpyārū tārū nām rē
nām tārū prāṇpyārū tārū nām

Ton nom efface les souffrances qui me tourmentent.
Il est le seul réconfort pour l'humanité souffrante.
Ton nom est pour moi ce qu'il y a de plus doux au monde.

TAVA TIRUMOZHIKAḶ

Tava tirumozhikaḷ hṛdi tirumadhuram
śruti vachanāmṛta laharimayam
pularoḷi tiraḷum kuvalaya nayanam
hṛdi timirāpaha mihirakaram

Tes paroles sacrées sont douces à mon cœur.
La mélodie et les paroles du chant sont captivantes.
Tes yeux magnifiques ont la beauté du soleil levant.
Daigne chasser les ténèbres de mon cœur

Kaivalyadāyini nin kṛpānugraham
kaiśōra kāntiyil nīntippū mānasam
avyāja divyamā pīyūṣapānattāl
mṛtyuvum mitramāyi tīrumallō dṛḍham

Bénis-moi de Ta grâce, accorde-moi la Libération.
Mon esprit baigne dans l'océan de lumière, Ta véritable nature.
La mort elle-même deviendra notre amie si nous réussissons
à boire le nectar de Ton amour inconditionnel.

Aṇu jīvanāyi hṛttil maruvunnu nī
viśvamoru pādadhūḷiyāl virachippū nī
tānu mānasangaḷkku tuṇayāya chaitanya
mahimāvu nī jñāna savitāvu nī

Tu demeures au cœur de mon être. De la poussière de Tes pieds, Tu peux créer un univers. Tu es la Puissance qui anime notre corps et notre esprit. Tu nous accordes ce qui est bon ainsi que la Connaissance.

Mozhiyilum mizhiyilum vazhiyunnu hā
viśva vijayiyāyi divyamā snēhadhāra
oru tirināḷamā ammē tavāntika
teriyaṭṭe jīvanā snēhavāypil

Tes paroles et Tes yeux sont des fleurs d'où coule l'amour divin, capable de conquérir le monde. Puissé-je toujours demeurer auprès de Toi, petite lumière recevant Ton amour qui nous donne la vie.

TĒRĪ KṚPĀ SĒ

Tērī kṛpā sē bēḍā pār hō
mērī mā tērī jay jaykār hō
dīn duḥkhī pāpī ōr rōgī
sab kā hī uddhār hō
mērī mā tērī jay jay kār hō

Par Ta grâce, puisse ce radeau atteindre la sécurité du rivage. Puissent tous les malheureux, les affligés et ceux qui n'ont pas su vivre correctement, voir leur conscience s'élever. Gloire à Toi, ma Mère.

Sās sās mē tujhkō pujū
āṭh yām lū tērā nām
jab jīvan kī sanḍyā āyē
kṛpā karō mujh par avirām (2x)

A chaque respiration, je Te vénère. Tout le jour, je chante Ton nom. Quand viendra le crépuscule de ma vie, daigne répandre sans cesse sur moi Ta grâce.

Hō bhaktīmay pal pal mērā
hō bhaktīmay jīvan śyām
jāvu kahā taj charaṇa tumhārē
pāvu inhī mē chārō dhām (2x)

Je t'en prie, accorde-moi d'éprouver à chaque instant
de la dévotion pour Toi. Si je m'écartais de Tes pieds sacrés,
où donc irais-je ? Puissé-je remplir tous mes devoirs
sans jamais oublier Tes pieds bénis.

Jay jaykār jay jaykār
maiyā tērī jay jaykār
sunlē mērē dil kī pukār
jay jaykār jay jaykār
maiyā tērī jay jaykār

Gloire à Toi, Mère ; le monde entier chante Tes louanges.
Daigne entendre l'appel de mon cœur.

TĒRĒ SIVA

Tērē siva kōn hai sāth ab na chōdō
kanhā mērā hath ab na chōdō

Qui d'autre que Toi est notre soutien, Krishna ?
Ne m'abandonne pas maintenant, ne lâche pas ma main.

Virahā kī āg nē kyā kabhī tujhē jalāyā
rotē rotē kisī kī yād me rāt kabhī bitāya
dil ka dard bujhānē vālē
dard na pēhchānē
kis liyē hum jiyē - hāyē
maut kyōm na āyē

As-tu jamais brûlé dans le feu de la séparation ?
As-Tu jamais passé des nuits entières à pleurer pour quelqu'un ?
Toi seul peux apaiser la douleur de mon cœur,
mais Tu ne sembles pas l'avoir remarquée.
Alors pourquoi suis-je encore en vie ?
Pourquoi la mort ne vient-elle pas me prendre ?

Khēl tēra bas hai kanhā
khīl sē thak gayē ham
apnē banākē mujhko
bhūl ab gayē kyōm
dardē dil hai tū kyā jānē
ōr kisē sunāūm
ōr kisē pukarū

Cela suffit, je suis las de Ton jeu. Tu T'es emparé de mon cœur,
pourquoi m'as-Tu ensuite oublié ? Qui pourrais-je appeler ?
Qui comprendra la douleur qui déchire mon cœur ?
Qui d'autre puis-je appeler ?

TĪN GUṆO

Tīn guṇo kī tērī kāyā
tīn guṇō kī māyā
jag jīvan tū jīs kō samajhē
tērē man kī chāyā
rē bandē..(4)

Ton corps est composé des trois *gunas*.
Il en va de même de ce monde illusoire.
Ce que Tu perçois comme la terre et ta vie ici-bas,
tout cela n'est qu'une projection de Ton mental.

Khōj rahā bāhar tū jis kō
vāsī antar man kā
rūp samāyā sab mē us kā
tū nē hī bil gāyā
rē bandē..(4)

Ce que tu recherches à l'extérieur est en réalité
l'Essence de toi-même, présente dans toutes les formes.
L'apparente séparation entre toi-même
et ton âme est ta propre création.

Tērī tṛṣṇā nē bun ḍālē
jāl tirē bhar mō kē
bhāv sabhī sukh dukh prāṇī
upaj tire karamō kē
kāraṇ tū ap nī mastī kā
khud kō tū nē rūlāyā
tīn guṇō kī tērī kāyā
tīn guṇō kī māyā
rē bandē..(4)

Tes désirs ont tissé le filet de tes illusions. Toutes tes imaginations, tes chagrins et tes joies, sont le produit de tes actes.
Tu es la source de ton bonheur ou de tes larmes.
Ton corps est composé des trois *gunas*.
Il en va de même de ce monde illusoire.

Ghaṭ ghaṭ prāṇī prāṇī mēn
pahachān tū ap nā svāmī
kis kō ap nē rāg sunā yē
vō tō antaryāmī
ghaṭ apnī antar mastī kā
tūnē kyō chalkāyā
tīn guṇō kī tērī kāyā
tīn guṇō kī māyā
rē bandē..(4)

Dans tous les êtres, sous toutes les formes,
reconnais le Seigneur. Quel que soit celui à qui tu contes tes malheurs, le Seigneur demeure en lui.
Pourquoi as-tu perdu le contact avec ton être intérieur, dont la nature est joie ?

TIRUVADI TĒṬI

Tiruvadi tēṭi vanden vel muruga
kāvaṭi vanden māl maruka
kannir kural kēṭṭu vā muruga
kann kaniya darisanam tā muruga

O Muruga, je suis venu en quête de Tes pieds divins.
Neveu de Vishnu, entends mon appel et viens !
Mes yeux ont soif de Te voir, accorde-leur Ton darshan.

Ṣanmukhan unṭan śaraṇam tēṭi vel muruga
sakalamum marandu padaivida-
dainden māl muruga
aṇṭa charācharam anudinam
tutikkyum vel muruga
adiye kural keṭṭudanē viraivāy māl muruga

Shanmukha, cette quête m'a fait perdre tout repos. Tu es le Seigneur que vénèrent tous les êtres de l'univers. Entends mes prières, viens !

Mōhana rūpā kumarā azhagā
manasumai nīkkida vā vā muruga

Ta forme enchanteresse garde une jeunesse et une beauté éternelles. Viens, Muruga, et libère-moi de mon fardeau de chagrins.

Panniru vizhiya pazhani
puri vāzha vel muruga
pār kadal vāsan sodari tanayā māl muruga
marutalam mīt mazhai nīr pōle vel muruga
pazhamudir cholayin ālayam
pukharum māl muruga

Seigneur aux douze yeux, qui demeure dans les collines Palavi,
parent du Dieu de l'océan, Tu as la fraîcheur d'une averse.
Tu résides dans le sanctuaire Palamuthir Cholai.

TRILŌKA MĀTṚ RŪPINI

Trilōka mātṛ rūpini
trilōchanē trivargadē
mahēśī maṅgalātmikē
manōjña nṛtya lōlupē

Ta forme est celle de la Mère des trois mondes, Tu as trois yeux et Tu nous accordes trois faveurs, Grande Déesse, Essence de tout ce qui est propice, Tu apprécies la beauté des danses gracieuses.

Anahatabja samsthitē
viśudhi chakra vāsini
śivankari sudhāmayi
samastha saukya dāyini

Assise dans le lotus *anahata*, Tu résides dans le *vishudhi* chakra, Tu accomplis des actions favorables, Tu nous accordes tous les bonheurs.

Bhavāni bhakta vatsalē
puratrayēṣvari umē
chaturbhujē bhajāmyaham
bhavat padāmbhujē dvayam

Mère Bhavani, Tu débordes d'amour maternel
pour Tes dévots, Déesse des trois mondes,
O Uma aux quatre bras, je vénère Tes deux pieds sacrés.

Girīndra nandinī śivē
bhayāpahē jayapradē
bhavabdhi tārini jayē
smarāmi tē padambujam

O Fille de l'Himalaya, Déesse propice, Tu annihiles toute peur.
Tu nous accordes la victoire, Tu nous guides et nous fais traverser le vaste et dangereux océan de la vie en ce monde.
Je m'efforce de fixer mes pensées sur Tes pieds bénis.

Jay jagadambē jay jagadambē jay jagadambē mā

Gloire à la Mère de l'univers, gloire à la Mère de l'univers.

ULLAM ENUM

Ullam enum dīpattilē
unmai enum neyyūtri
anai untan kōvililē
azhakāka ētri vaittēn

Ayant versé l'huile de la vérité dans la lampe
de mon cœur, je l'allume devant Toi, O Mère !

Ētri vaitta dīpattilē
en ammā nī varuvāy
iṭar āzhi nīnkiṭavē
chuṭar āka nīyiruppāy

Dans cette flamme ardente, O Mère, Tu es la Lumière
qui chasse les ténèbres de mon mental et annihile
les obstacles qui se dressent sur mon chemin.

Vān tīyāy mārutamāy
maṇ nīrāy nirppavalē
vāzhum makkal tuyar tīrkka
vān mazhaiyāy vandiṭuvāy

O Mère, Tu es présente en tous les éléments de cet univers.
Lorsque Tu répands Ta grâce, tous les chagrins s'évanouissent.

Ēzhaikku manam iranki
emai kākka vārāyō
enkum nirai umaiyavalē
enai kaṭaikkaṇ pārāyō

O Mère, vois dans quel état pitoyable est Ton fils !
Ton cœur ne fond-il pas devant sa souffrance ?
O Toi qui es présente en chaque atome, m'accorderas-Tu
Ta grâce en me jetant un regard miséricordieux ?

UL URAIKINṬRA

**Ul uraikinṭra porul enṭrum azhikiṭratillai
avan anṭri oru aṇuvum asaikinṭratillai
ullukul atusirittāl nammil varum māttam
jīvātman tānnazhutāl gatiyil varum ētram**

Le Principe intérieur est impérissable. Sans Lui, pas un atome ne se meut. Quand Cela, qui demeure en nous, nous accorde un sourire, une transformation intérieure se produit. L'âme individuelle qui implore le salut obtient la Libération.

**Aṭaiyāta peruvāzhva vāzhantum payanillai
tun bankal illāmal peruvāzhavum ilai
tuṇai śērum porul yāvum nilaiyānatilai
nilaiyilai enṭrālum utavāmalilai**

Richesses, pouvoir, succès, rien de tout cela ne permet d'échapper à la souffrance. Aucun des objets qui nous entourent n'est permanent. L'usage que nous pouvons en faire est temporaire.

**Ulkankal yāvum kanavenṭra solvar
kanavenṭra sonnālum kāṇāmal ilai
irukinṭra pōt nammai parikinṭra māyam
tanaiviṭṭa silar tannai tēṭāmalilai**

Il est dit que tous les mondes n'ont pas plus de réalité qu'un rêve. Bien qu'il en soit ainsi, prisonniers des griffes de *maya,* nous les prenons pour réels.
Ceux qui cherchent la vérité éternelle sont peu nombreux.

**Kāmattin koṭuvāzhva tira vāmalilai
tirantālum aṭayka vazhī illāmalilai
kuttankal palaseyta tiruntiviṭṭā oruvan
īśvaranin padamatanai aṭayāmalilai**

Le désir ronge tous les êtres. Il existe cependant une issue à la souffrance. Même celui qui a commis de nombreux péchés peut se repentir et ainsi atteindre les pieds du Seigneur.

Anainattilum vilankum param porulē nī ezhuka
iruntum illātirukum uravē nī varuka
vēṇṭāta vinaiyanaittum ennai viṭṭa vilaka
avan kamalamalar tāl paṇiya guruvarulai taruka
sadguru varulai taruka

O Principe suprême qui réside en tous les êtres, bien que Tu existes, Tu sembles non-existant ! Eveille-Toi ! Afin de transcender mes péchés et mon destin, puissé-je obtenir la grâce du Satguru et atteindre Ses pieds de lotus. Puisse Sa grâce se répandre sur moi.

UN KAIYIL PILLAI

Un kaiyil pillai ena nān māṛavā
ennil un anpai nī parimāravā
oru muttam tirumuttam tara nīyum vā ammā
atai nittam nān peravum varam īyavā

O Mère, laisse-moi devenir un petit bébé dans Tes bras.
Viens m'inonder de Ton amour ! Donne-moi un baiser divin.
Puissé-je obtenir cette faveur éternelle en même temps que Ta grâce.

Un kōvil paṭiyāka nān māravā
unnaṭiyār tiruvadikal talai chūṭavā
un pādatūliyāka nān māravā ammā
nal vēda porulai ni unarthīda varai
nān amṛtēśvari tṛppādam talai chūtavā

O Mère, je voudrais devenir le seuil de Ton temple,
afin que ma tête soit bénie par le contact des pieds de Tes dévots.

Je voudrais de venir la poussière de Tes pieds. Puisse l'Essence des quatre Védas se perpétuer à travers moi et vivre en moi. Puissé-je porter sur ma tête les pieds de la Déesse immortelle.

Tirumārbil tikazhmālai nān ākavā
tirumēni sugandhatte nān kūravā
abhiṣēka porul āka nān māravā
un anpāna inimayil nān dinam mūzhkavā
nān amṛtēśvari tṛppādam talai chūtavā

Puissé-je être un vêtement chatoyant, porté par Ton corps divin dont émane un doux parfum. Je désirerais être les objets utilisés pour laver et adorer Tes pieds. Puissé-je baigner chaque jour dans la douceur de Ton amour. Puissé-je porter sur ma tête les pieds de la Déesse immortelle.

Un kayil thavazhum ṣir seyakava
arul kūri vinai tīrkum nal amuthakuvai
un sannidhi karppūram nān ākavā - ammā
oḷichinti nān karaintu unatākavā
nān amṛtēśvari tṛppādam tallai chūtavā

Fais que je devienne le *prasad* que tient Ta main divine. Permet-moi de recevoir Ta grâce et ainsi de transcender les souffrances de la vie. Je voudrais être le camphre qui brûle en Ta présence, je voudrais me dissoudre en Toi. Puissé-je porter sur ma tête les pieds de la Déesse immortelle.

UNNAI TĒṬI ULAKELLĀM

Unnai tēṭi ulakellām tuti pāṭuṭē - inpam
tanai tantu emaikākum amṛtēśvari

O Mère, le monde entier Te cherche et chante Tes louanges. Déesse immortelle, Tu es celle qui me donne la béatitude et qui me protège.

Unaiyenni ētu seya munaikinṭra pōtum
vinai mutru perum entra ninai vuṇṭu neñchil
maraiyāvum pōṭrum nal muzhumutar porule unai
maravāta nilaiyenṭrum taruvāy amutē

Tout ce que j'entreprends en Te le dédiant portera à coup sûr de bons fruits. Tant que ma mémoire fonctionne, fais que je n'oublie jamais le Soi que les Ecritures glorifient. Daigne m'accorder cette faveur, O nectar divin !

Karaiyinṭri nadiyillai maṇam inṭri malarillai
nīriṇṭri mukhilillai niyinṭri nān illai
nilaiyāmai nityam enpatai neñcham kāṇā
nilaiyinṭri inkunṭu nilaikol en neñchil

Il n'y a pas de rivière sans berge, pas de fleur sans parfum, pas de nuage sans eau. De même, sans Toi, je n'ai pas d'existence. Fais que mon esprit contemple la nature impermanente du monde et s'établisse dans ce qui est éternel.

VANDANA KARŪ MĒ

Vandana karū mē tēri
mukh mē he tērā nām
jag kē tum pālan kartā
tum hō kṛpā nidhān

O Seigneur Ganesh, je me prosterne devant Toi, sans cesse je chante Ton nom divin. O Dieu compatissant, Tu régis la création entière.

Jay gaṇēśa jay gaṇēśa jay gaṇēśa dēvā
sachē mīt tum hī mēre he gaurī nandana

Gloire à Toi, Seigneur Ganesh, Toi seul est mon vrai refuge.

Nām mē tēre hē śakti
sumiran sē milē bhakti
ēk hi tujhsē he vinati
tujh mē līn rahē mati

Grande est la puissance de Ton nom divin ; en le répétant, on obtient la dévotion. O Seigneur, je T'en prie, ne permet pas que mes pensées vagabondent, fais qu'elles soient toujours fixées sur Toi.

Vyāpt jagat mē rahtē hō
vyakt bhī tō hō jāvō
man mandir mē darśan dēkar
andhakār bujhā jāvō

Seigneur omniscient, j'ai le profond désir de Te voir. Daigne me montrer Ta forme adorable ; demeure à jamais dans le sanctuaire de mon cœur ! Seule Ta présence chassera les ténèbres qui m'habitent.

VARADĒ VARADĒ AMṚITĀNANDAMAYI MĀ VARADĒ

Varadē varadē amṛitānandamayi mā varadē

O Mère de la béatitude éternelle, accorde-nous des faveurs !

Vīṇā vādini vidyādāyini
vēdavidhāyini varadē
Sakala kalāmayi sāma vinōdini
gānavilōle varadē
Tuṣāradhavalē sāttvikacharitē
śvētāmbari mā varadē
Pustaka hatē patmajadayitē
bhaktavatsalē varadē

Tu joues de la *vina*, Tu accordes la Connaissance, Toi qui as créé les Védas, accorde-nous des faveurs. En Toi, tous les arts sont contenus,
Tu goûtes la musique du Sama Véda et Tu savoures les chants.
Accorde-nous des faveurs. Déesse au teint blanc comme neige, vêtue de blanc immaculé, O Mère si pure, accorde-nous des faveurs.
Tu tiens un livre à la main, O compagne de Brahma. Tu es réputée pour la compassion dont Tu fais preuve envers les dévots, daigne donc nous accorder des faveurs.

VAZHI DŪRAM

Vazhi dūram kurayunnīliṭayil ñāne viṭetti
aṟiyunnīliṭaneññil iruḷ tiṅgunnu
aṟiyāte mizhiyōram nanayunnu – tirujñāna –
poruḷē pūnkaraḷil ponnoḷi tūkumō

Presque arrivé au bout du chemin, je lutte pour ne pas m'égarer. Les ténèbres ont envahi mon cœur et mes yeux sont pleins de larmes.
O Déesse omnisciente, daigne remplir mon âme de Ta lumière dorée.

Mazhamēgham kaniyāte
ozhiyumbōl kurul kāññu
karayāte karayunni - torum chātakam
tiruvuḷḷam kaniññente karaḷinte varaḷnāvil
choriyillē - uṇarvinte teḷinīrkkaṇam

Lorsque les nuages passent sans donner de pluie, l'oiseau *chataka* est dans une grande souffrance. Montre-Toi miséricordieuse et verse l'eau pure de la sagesse sur mon cœur desséché.

kuḷirōḷam tazhukunna puzhayōram pōlente
karaḷ tīram tazhukān nin karatāreṅgō
izha pōyoruṭupam pōl ulayunnen hṛdayam nin
karameṅg - karayeṅg jagadambikē

Les courants rafraîchissants caressent les berges de la rivière.
Où donc est Ta main pour caresser mon cœur ? Il ressemble
à un tissu qui s'effiloche. O Mère de l'univers,
où est Ta main ? Où est la rive ?

VIRAHA KĪ BĀDAL

Murali bajate āna
payal jhankate āna
jag utega vṛndāvan
ayega phirse jīvan
or na tum tarasana
śyāmji..śyāmji...śyāmji..tum chale āna

Viens, O mon Seigneur, viens en jouant une mélodie sur Ta flûte ! Que j'entende Tes bracelets de cheville tintinnabuler ! Vrindavan alors reviendra à la vie et s'éveillera. Ne tarde plus, O Krishna, reviens vite !

Viraha kī bādal he chāyi
rulāti he mujhe tanhāyi
pūch tī hū śyām piyārē
yē kēsi lambī judāyī

Les nuages gris de la séparation ont recouvert le ciel
et solitaire, je pleure. Dis-moi, O mon Shyam adoré,
combien de temps encore vas-Tu permettre cette séparation ?

Baiṭhī hū jamunātaṭ par
jānkar bhī tum nahī hō
kyā karū mānē na dil
kahtā he tum yahī hō

Assise sur les berges de la Yamuna, j'attends.
Je sais que Tu es loin et pourtant, mon cœur ne veut pas entendre raison. Il me dit que Tu es là, à mes côtés.

Yād bhi chute nahī
ās bhī tute nahī
kyo he vo hamse rute
jane bhī koi nahī

Les tendres souvenirs de Krishna me hantent.
Ma soif de Le voir ne diminue pas. Pourquoi est-Il
en colère contre moi ? Nul n'en connaît la raison.

Kaliyā bhī khiltī nahī
kōyal bhi gatī nahī
śyām binā vṛndāvan kē
jīvan mē sangīt nahī

Les plantes ne fleurissent plus, le rossignol ne chante plus.

Sans Toi, O Shyam, il n'y a pas de musique à Vrindavan.

VIRAHANOMBARA

Virahanombara kathayura cheyum
karalin gadgadambāṣpam
janani nin padatāriṇa tazhuki
ozhukum vanakulyakaḷāy

O Mère, mon cœur verse des larmes tant il souffre d'être séparé de Toi. Ces larmes sont devenues une rivière qui vient laver Tes pieds sacrés.

Hṛdayahāriyām kavitapōl sāndram
ozhukum naṛutēn mozhikal
karalukuṭayum kātara jīvita
nōvinatauṣadhalahari janani
nīyāṇennuṭe dhyēya manōhara
mōhana vigrahamennum pūjita
śōbhana vigrahamennum

O Mère, Tes paroles ont la douceur du miel, elles coulent comme une poésie qui charme mon cœur. Tes paroles sont le remède à la souffrance déchirante de la vie. Tu es le Centre de toutes mes pensées, Tu es la forme magnifique et ravissante sur laquelle je médite et que je vénère.

Divya sumōpama sundaravadanam
vara prasādam tūki
viriyumō tava viraha vyathayil
hṛdayameriyāte - janani
nīyenmānasavīnayil mōhana
gānāmṛtam āyuṇarū - nirmala
snēhāmṛtam āyuṇarū

O Mère, Ton visage divin a la beauté d'une fleur.
S'épanouira-t-elle dans mon cœur ? Répandra-t-elle
ses bénédictions, effaçant toute peine ? Mère, éveille-Toi
telle une belle mélodie sur la *vina* de mon cœur !
Eveille-Toi tel le nectar de l'amour !

English songs

DEEP WITHIN THE SOUL

Deep within the soul of everyone,
hidden in most everything under the sun,
is a place we call our home
where differences don't belong.

Visions of the Rishis gave us sight,
showing us how peace can reign in every life,
to become a ray of light
for those who live in endless night.

Ignorance has always lead to war,
indifference has warned us
countless times before.
Intellect can do no more
in the quest to reach our goal.

Close your eyes forget the names and forms,
concentrate on God or love and go beyond.
Truth alone can be your home
a place that you can call your own.

EVERYWHERE I LOOK

Everywhere I look I find You,
all that I hear is the sound of You,
only one name on my breath,
Krishna, Krishna, O my Krishna.

What have I done, O my dear Krishna,
that has caused You to go away?
My eyes cry for a glimpse of You, Krishna.
When will You come, Krishna,
when will You come?

Though You have left me, my dear Krishna,
You can never ever leave my mind.
You are inside of me, Krishna,
in each and every beat of my heart.

GIVE ME DEVOTION

Give me devotion,
Give me pure love, Amma,
Give me firm faith in You,
Protect me, O Amma.

GIVE US YOUR GRACE

Give us Your Grace, O my Lord,
that this mind will never wander.
May it always chant the song of selflessness
and speak the language of love.

When this life brings happiness and joy
may I never forget You.
And in times of sorrow and sadness
let me always have faith in You.

When my time comes to leave Earth
may I find You beside me.
May my lips ever chant Your name, Lord
let my mind ever dwell in You.

GRACE US WITH YOUR COMPASSION

Grace us with Your compassion Lord,
I have no one but You my Lord.

You create this world by Your whim,
You destroy this world by Your will.
You turn our sorrows into joy,
I have no one but You my Lord.

You are my friend and my family,
mother and father my everything.
You are my sole refuge O Lord,
I have no one but You my Lord.

O Lord I don't know anything,
only Your glories I know to sing.
If I were to leave where would I go,
I have no one but You my Lord.

LIFE IS A PLAY

Life is a play so enchanting.
All this world is divinely created.
No end or beginning to this mystery,
Mother, Your play is eternal.

Millions of forms are born out of unity,
creating the universe we see.
Mother, Your smile becomes our creation
blossoming garden eternal.

Long, long ago in a heavenly dream,
Your dream was a vast golden sea.
We were the waves always rising and falling,
how can we tell Your story?

What is the purpose of praising and blaming,
taking the play to be real?
We are the actors in Your divine play,
how can we sing Your glories?

LORD OF VRINDAVAN

O Lord of Vrindavan,
give me Your darshan.
Shower Your Grace upon
this lonely one.

When will You come, Krishna,
when will You come?

Let the beauty of my Lord
ever fill this heart with love,
everywhere and evermore,
Bhagavan Krishna.

Let the glory of Your play
never leave these lips again.
Ever sing the holy name,
Bhagavan Krishna.

Let me cry and pray and call
for a life of serving all.
Everything I do is for
Bhagavan Krishna

Let me feel You all the time,
let my heart become Your shrine,
never leave this child behind
Bhagavan Krishna.

MOTHER BLESS ME

Mother bless me with a vision
of Your form divine.
Only by Your grace can I
swim from darkness to light.

Mother bless me with devotion,
bless me with pure love.
Bless me with eternal faith,
protect me, O Mother.

Without Your sweet form beside me
life would have no meaning.
What my heart is longing for
is to merge in You.

You are the essence of my life,
You are my true love.
Always let me love and serve
is all I ask of You.

Just a single glimpse of You
thrills me to the core.
Never let me stray afar
keep me close to You.

MOTHER YOUR WILL

Mother, Your will is the source of the universe.
All that occurs is Your divine play.

We think our actions are in our control.
You are the power behind all we do.

You are the one who creates and destroys,
She who forms Maya then takes it away.

Only with grace can we carry these sorrows,
filled with Your love we abandon all fear.

Mother, You give us the fruits of our actions,
they may be sweet or bitter and hard.

I am the carriage, You hold the reins,
I am the house, Amma, You dwell within.

Mother, I pray to surrender my life to You,
laying my will at Your holy feet.

ONE TINY ATOM

One tiny atom helpless I float
in this infinite universe.
Come to me, my dearest Lord,
comfort me today.

Promise to come right away,
promise to take my sorrows away.
You are the ruler of all of the worlds,
please come and help me today.

Give me thoughts of virtue and bliss,
teach me the way of kindness and peace.
Help me to always love and serve,
You who are my Lord.

I always want to be chanting Your name
hoping You'll come before me I pray.
Closing my eyes I see You inside,
O Lord, You are my own.

WHERE CAN I GO?

If this is not a place where
tears are understood,
where can I go,
where can I go to cry?

If this is not a place where
my spirit can take wing,
where can I go,
where can I go to fly?

If this is not a place where
my questions can be asked
where can I go,
Where can I go to seek?

If this is not a place where
my feelings can be heard
where can I go,
Where can I go to speak?

If this is not a place You'll
Accept me as I am
where can I go,
where can I go to be?

Where can I learn and grow?
Where can I just be me?
Amma, where can I just be me?

WONDROUS GODDESS PRECIOUS GODDESS

Wondrous Goddess precious Goddess
Giver of the gift of grace,
lighting fires of liberation
Please remove my many sorrows.

With its pleasures and its troubles
I have seen this worldly life.
Must I suffer like the moth who
blindly flies into the fire?

I am pleading for Thy grace to
hold me firmly on the path.
Mother who destroys all sadness
Please remove my many sorrows.

What the eyes can see today
by tomorrow will not ever stay.
Clouded by the veil of maya
only what is true remains.

Asking You with humility to
know the fruit of human birth,
merciful and radiant Goddess
lovingly I bow to Thee.

YOU ARE CREATION

You are creation,
You are Creator,
You are the Source of life,
You are eternal Truth.

You have created
All of this universe,
You are the beginning,
You are the ending.

You are the Essence
of all that we see.
You are the soul within
and all of nature.

Table des Matières

www.ingramcontent.com/pod-product-compliance
Lightning Source LLC
LaVergne TN
LVHW020354090426
835511LV00041B/3043
* 9 7 8 1 6 8 0 3 7 6 4 4 9 *